Matthias Clausen

Ich denke, also bin ich hier falsch?
Glauben für Auf- und Abgeklärte

Über den Autor

Dr. Matthias Clausen ist ev. Theologe und Wis-
senschaftlicher Mitarbeiter am „Institut zur
Erforschung von Evangelisation und Gemeinde-
entwicklung" an der Universität Greifswald.
Als Hochschulevangelist ist er in ganz Deutschland unterwegs. Er ist Prediger von „JesusHouse
zentral 2011", mag gute Filme, gute Bücher,
nicht abstürzende Computer und kühle Bionade.

Matthias Clausen

Ich denke,

also bin ich

hier falsch?

Glauben für Auf- und Abgeklärte

Verlagsgruppe Random House FSC-DEU-0100
Das für dieses Buch verwendete FSC®-zertifizierte Papier
München Super Extra liefert Arctic Paper Mochenwangen GmbH.

© 2011 by Gerth Medien GmbH, Asslar,
in der Verlagsgruppe Random House GmbH, München
1. Auflage 2011
Bestell-Nr. 816 588
ISBN 978-3-86591-588-7
Umschlaggestaltung: Buttgereit und Heidenreich GmbH, Haltern
Umschlagfotos: iStockphoto.com
Satz: Marcellini Media GmbH, Wetzlar
Druck und Verarbeitung: CPI Moravia

Inhalt

Vorab

Ein etwas umständlicher Professor beginnt seinen
Vortrag:
„Wo soll ich anfangen?"
Ein Student aus der letzten Reihe ruft halblaut:
„Am besten möglichst weit hinten."
Also fasse ich mich gleich zu Anfang kurz:
Ich verstehe dieses Buch als ein Gesprächsangebot,
vorzugsweise an Menschen, die mit Gott und Glauben
eigentlich wenig anfangen können, die skeptisch oder
abwartend sind – aber die sich sagen: „Wer weiß –
man kann sich ja mal darüber informieren. Vielleicht
ist ja doch mehr dran, als ich bisher dachte."

Das finde ich eine gesunde Einstellung. Denn ich weiß
selbst ganz gut, dass man viele kritische Fragen an den
christlichen Glauben stellen kann. Glaube versteht sich
nicht von selbst, Skepsis ist angebracht. Aber ich bin
darüber hinaus überzeugt, dass es auf skeptische Fragen
auch gute Antworten gibt. Dass Glaube Sinn macht und
plausibel ist; nicht beweisbar, aber begründbar. Und
dass Glaube uns hilft, unser Leben und uns selbst immer
besser zu verstehen.
Deswegen dieses Buch.

Die einzelnen Kapitel in diesem Buch gehen auf Vorträge zurück, die ich auf Einladung von Gruppen der Hochschul-SMD in ganz Deutschland gehalten habe. Von daher finden sich manche meiner Lieblingsgedanken mehrmals, obwohl ich versucht habe, Doppelungen zu vermeiden. Und von daher erklärt sich auch der „mündliche Stil". Ich verstehe auch meine Vorträge als Gespräch (auch wenn erst einmal nur ich selbst rede – es gibt allerdings hinterher die Möglichkeit für Rückfragen!), deswegen erlaube ich mir hin und wieder, den einen oder anderen direkt anzusprechen. Das Gleiche tue ich auch in diesem Buch; ich hoffe, das ist in Ordnung für Sie.

Die Vorträge wurden ursprünglich frei gehalten, anhand von nur wenigen Notizen. Praktischerweise werden viele meiner Vorträge allerdings von den Veranstaltern aufgenommen, und netterweise hat sich Gerth Medien bereit erklärt, einige dieser MP3-Aufnahmen zu verschriftlichen. Die so zu Papier gebrachten Texte habe ich dann noch einmal grundlegend überarbeitet und sie für das Buch in eine sinnvolle Abfolge gebracht.

Vielen Dank an dieser Stelle an Anne Okolowitz, die mit großem Engagement aus zahllosen Tonkonserven lesbare Texte schuf. Da ich weiß, wie schnell ich manchmal spreche, leide ich noch nachträglich mit ihr …
Vielen Dank auch an Kai Scheunemann, der das Buch bestens begleitet hat.
Danken möchte ich vor allem auch den Mitarbeitern der Hochschul-SMD und anderer christlichen Studie-

rendengruppen, ohne deren Engagement diese Vorträge gar nicht hätten gehalten werden können, oder wenn, dann eher nur vor leeren Stuhlreihen … Ihnen ist dieses Buch gewidmet.

Matthias Clausen

Stellen wir uns vor, ich bin ein Buch.

Über Selbstwert und Sinnsuche

Ich habe mal von einem schottischen Gebet gehört, das lautet:

„Oh Herr, mögest du uns schenken, dass wir immer recht behalten, denn du weißt, dass wir unsere Meinung niemals ändern werden."

So kann man ja leben – dass man sich eine Meinung aneignet, dann dabei bleibt und sie niemals ändert, niemals offen wird für das, was andere Sichtweisen zu bieten haben. So kann man leben, das ist einigermaßen bequem.
Aber: Man verpasst natürlich etwas.
Deswegen möchte ich zu Beginn dieses Buches eine Einladung aussprechen:
die Einladung mitzudenken.

Ein schlauer Mensch hat mal gesagt: „Der Kopf ist rund, damit das Denken die Richtung wechseln kann."[1] Ich habe im Zuge meiner Ausbildung zum Theologen eine kurze Zeit lang Religionsunterricht in einer Berufsschule erteilt. Dort durfte ich unter anderem eine Klasse von Vermessungstechnikern unterrichten. Irgendwann bekamen sie diesen Satz auch mal vorgesetzt. Einer der Vermessungstechniker sagte daraufhin: „Und wenn der Kopf eckig ist, bleibt das Denken dann hängen?" Das fand ich sehr gewitzt.

Vielleicht können wir uns also darauf einigen, dass es eine gute Sache ist, wenn man neuen Sichtweisen grundsätzlich mit Offenheit und Neugier begegnet. Das wünsche ich mir für mich selbst und dazu lade ich auch andere ein. Ich lade ein zum Mitdenken. Und ich werde versuchen, dabei auch unliebsamen Fragen nicht auszu-weichen.

(Das kann ich bei der Gelegenheit ja kurz erläutern: Wie man unliebsamen Fragen ausweicht. Für mündliche Prüfungen etwa ist das ganz hilfreich. Wenn einem eine schwierige Frage gestellt wird, kann man zum Beispiel sagen:
„Das ist eine sehr gute Frage, und ich freue mich, dass Sie sie mir stellen."
Und dann das Thema wechseln und hoffen, dass es nicht auffällt.
Man kann auch noch eleganter antworten, so wie der Nobelpreisträger Robert Koch. Der hat einmal gesagt:
„Diese Frage ist so gut, dass ich sie nicht durch meine Antwort verderben möchte."
Das kann man vielleicht in der nächsten mündlichen Prüfung ausprobieren. Ich weiß allerdings nicht genau, ob es funktioniert.)

Über Selbstwert und Sinnsuche – so heißt dieses erste Kapitel. Aus meiner Sicht steckt darin die Frage: Woher kommt eigentlich unser Selbstwert? Was macht unseren Selbstwert aus? Und was hat die Frage nach dem Sinn mit meinem Selbstwert zu tun?

Ich beginne mit einer Beobachtung, nämlich:

Selbstwert versteht sich nicht von selbst.

Dass wir ein stabiles Selbstwertgefühl haben, versteht sich nicht von selbst. Wir wissen zwar, dass man sich von der Meinung anderer nicht allzu abhängig machen sollte. Vom Kopf her wissen wir das und sind auch in aller Regel sehr beeindruckt von Menschen, die innerlich unabhängig wirken. Mir geht es jedenfalls so. Ich bin beeindruckt, wenn mir Menschen begegnen, die sich so ganz locker über die Meinung anderer hinwegsetzen.

Ich erinnere mich an eine Studentin, die zu den Treffen einer christlichen Studentengruppe kam und ganz fröhlich und lebhaft und mit gleichbleibender Entschiedenheit sagte:
„Wisst ihr was, ihr Christen, das, was ihr glaubt, das ist alles Blödsinn. Das ist alles Einbildung. Das redet ihr euch ein, alles Unsinn."
Das sagte sie mit gleichbleibender Freundlichkeit. Wir haben uns persönlich gut verstanden, sie als Nichtchris-

tin und ich als glaubender Christ. Sie rückte von ihrer Meinung zunächst einmal nicht ab. Die Geschichte geht zwar noch weiter, zwei Jahre später sah sie das alles ganz anders. Aber bis dahin blieb sie bei ihrer Position – mit großer Fröhlichkeit – und kam trotzdem immer wieder zu den Diskussionsrunden dieser Gruppe. Ich fand, das hatte irgendwie Format.

Wenn Menschen innerlich unabhängig sind, nötigt uns das fast immer Respekt ab.

Da ist eine große festliche Veranstaltung, ein Ball oder Empfang oder Theaterabend.
Alle sind im feinsten Zwirn gekleidet, lange Abend-kleider und Fräcke.
Mittendrin ein stämmiger älterer Mann mit lichtem weißem Haar, kräftig und braun gebrannt. Er trägt einen knallroten Pullover.
Der Mann heißt Pablo Picasso, und er trägt diesen Pullover mit einer solchen Selbstverständlichkeit, dass alle anderen im Raum sich schlecht angezogen fühlen. Ich finde, das hat was.

Wir wissen also, dass es gut wäre, sich von der Meinung anderer Menschen nicht allzu sehr beeindrucken zu lassen. Aber wir können uns auch von dem, was andere Menschen in uns sehen, nicht so einfach lösen. Das geht nicht so leicht.

Das hängt damit zusammen, wie unser Identitätsbewusstsein konstruiert ist, was also unsere Identität ausmacht. Zu unserer Identität gehört nämlich, dass wir in Beziehungen stehen. Das, was wir in den Beziehungen erleben, prägt unser Identitätsbewusstsein, das ist psychologisch ganz deutlich nachgewiesen. Die ersten Erfahrungen, die wir mit Beziehungen machen, prägen unser Selbstgefühl ein ganzes Leben lang. Und auf den Stationen, die wir durchlaufen, kommen immer wieder neue Erfahrungen hinzu, die sich auf unser Selbstgefühl auswirken.

Wir sind alle Menschen mit einer Geschichte. Ich auch. Ich bin nicht aus dem Nichts auf die Erde gefallen, sondern ich bin ich, zum Beispiel als Sohn meiner Eltern. Ich bin ich als Bruder meiner Brüder. Ich habe drei ältere Brüder. Wir haben früher Fußball gespielt, ich mit dem ältesten gegen die beiden mittleren. Meiner Erinnerung nach haben wir immer gewonnen. Möglicherweise habe ich die Niederlagen einfach vergessen.

Aber Erinnerung ist ja ein kreativer Prozess ...

Das, was wir in Beziehungen erleben, macht uns aus. Deswegen ist es nicht so leicht, sich davon zu lösen. Zumal wir in Beziehungen häufig, fast ständig, erleben, dass wir in irgendeiner Weise bewertet und in Schubladen gepackt werden. Menschen taxieren uns, und innerlich läuft ein Prozess ab, bei anderen genauso wie bei uns selbst. Andere sehen uns und sagen innerlich:

„Was ist das denn für einer?
Sieht eigentlich ganz normal aus, aber ein bisschen komisch ist er schon.
Wo der wohl herkommen mag.
Kann ich was mit dem anfangen oder nicht?
Wie sieht er aus, was denkt er, was arbeitet er, welche Musik hört er, welche Kleidung trägt er?"
Schon sind wir auf einer inneren Skala eingeordnet und das Gleiche machen wir selbst auch mit anderen Menschen.

Wenn man oft genug erlebt hat, dass man in dieser Weise eingeordnet und bewertet wird, dann prägt das auch das Selbstgefühl. Es ist nicht so leicht, sich einfach davon zu lösen. Weil wir das ständig erleben: Ja – wir bekommen unsere Zuwendung, unsere Anerkennung, die wir dringend brauchen. Aber wir bekommen sie oft nur, „solange ...". Solange wir den Maßstäben genügen. Solange wir nett sind, attraktiv, adrett, kompetent, freundlich, annehmbar. Solange wir in ganzen Sätzen sprechen. Aber wehe, wir fallen irgendwann einmal durch das Raster. Dann merken wir: Hier sind wir wohl nicht ganz so gern gesehen.

Woher kommt mein Selbstwert?

Wir wissen also, dass es auf Dauer nicht gesund ist, innerlich von der Meinung anderer abhängig zu sein. Aber wir können uns davon, wie andere Menschen uns sehen, nicht ganz lösen. Deswegen ist es nicht ohne Weiteres möglich, unseren Selbstwert einfach zu „beschließen". Und zu sagen: „Ich weiß doch selbst am besten, was ich wert bin." Dazu sind wir mit anderen Menschen viel zu sehr vernetzt.

Unseren Selbstwert selbst „beschließen" – das geht auch deswegen nicht, weil wir ja auch manchmal unzufrieden mit uns selbst sind. Ich denke, das ist uns vertraut: Dass wir Ansprüche an unser eigenes Leben haben, und wenn wir ehrlich sind, merken wir:
Zwischen Anspruch und Wirklichkeit gibt es hin und wieder einen Unterschied.

Ein Kronzeuge ist hier für mich der Philosoph Charlie Brown, aus der Comicserie „Peanuts". Charlie Brown hat einmal gesagt:

„Manchmal liege ich nachts wach und frage mich: ‚Was habe ich nur falsch gemacht?' Und dann höre ich eine leise Stimme, die sagt: ‚Das wird jetzt länger dauern als nur eine Nacht.'"

Wir merken vielleicht: „Ich wollte mal so viel aus meinem Leben machen. Ich wollte konsequent sein, ehrlich und nett, erfolgreich, kreativ, spannend, interessant ... Wenn ich mir mein Leben angucke, sehe ich, manches habe ich erreicht. Aber ehrlich gesagt bleibe ich an manchen Stellen hinter meinen eigenen Erwartungen zurück."

Deswegen ist ein gesundes Selbstwertgefühl alles andere als selbstverständlich.

Woher kommt also mein Selbstwert, wenn weder andere Menschen noch ich selbst dafür eine verlässliche Grundlage bieten?

An dieser Stelle möchte ich eine These äußern. Sie lautet: Mein Selbstwert kommt auch auf Umwegen zustande.

Natürlich hängt mein Selbstwert daran, dass ich irgendwann erlebt habe, dass Menschen mich mögen, dass meine Eltern mich willkommen heißen, die Menschen in meiner Umgebung sagen: „Es ist gut, dass du da bist." Das ist entwicklungspsychologisch eindeutig wichtig.

Zugleich aber wird mein Selbstwert oft von ganz anderen Faktoren bestimmt, kommt sozusagen auf Umwegen zustande. Da wir ihn nicht einfach mit einem Willensakt verändern können – „Ab heute habe ich ein starkes Selbstwertgefühl!" –, ist es mit ihm so ähnlich bestellt wie mit einer ganzen Reihe anderer Dinge, die sich auch nur dann ergeben, wenn etwas völlig anderes gewährleistet ist. Das möchte ich erklären: Es gibt eine ganze Reihe von Dingen im Leben, die man nicht selbst „beschließen" kann. Sie stellen sich ein, wenn bestimmte andere Dinge gegeben sind.

Zum Beispiel Spontaneität.

Spontaneität kann man nicht beschließen. Wenn man zu jemandem sagt: „Sei doch mal spontan", ist das eine ziemlich sichere Methode, ihn ziemlich unentspannt zu machen. „Jetzt sei doch mal spontan!" „Entspann dich, schnell!" Das geht nicht. Spontan bin ich, wenn ich entspannt bin oder einfach den Dingen freien Lauf lasse.

Anderes Beispiel: Einschlafen.

Das kann man auch nicht auf Kommando. (Vielleicht hatten Sie das schon mal: Es ist der Abend vor einem wichtigen Ereignis, das Sie auf keinen Fall verschlafen dürfen. Da kommt Ihnen plötzlich der philosophische Gedanke:

„Was wäre eigentlich, wenn ich heute Nacht nicht einschliefe?"

Dann ist die Nacht gelaufen. Ein Uhr nachts, zwei Uhr nachts – „Einschlafen, schnell! Sonst ist es Morgen …")

Drittes Beispiel: Freude.

Freude kann man auch nicht auf Kommando empfinden. Wenn man zu jemandem sagt: „Freu dich!", dann muss man ihm schon einen Grund geben, dass er sich freuen kann. Ich glaube, es gibt auf der ganzen Welt nur einen einzigen Volksstamm, der sich auf Kommando freuen kann, und das sind die Rheinländer – ich komme ursprünglich aus der Nähe von Düsseldorf. Wobei man zugeben muss, dass diese Freude auf Kommando ein bisschen oberflächlich ist. Echte Freude stellt sich ein, wenn ich einen Grund habe, mich zu freuen.

Ich glaube, beim Selbstwert ist das so ähnlich, er kommt nicht ohne einen Grund aus. Deshalb wage ich die These:

Selbstwert hängt mit Sinn zusammen.

Selbstwert hängt auch damit zusammen, dass ich einen Sinn in meinem Leben empfinde.
Meine Beobachtung ist nämlich: Wirklich selbstsicher sind häufig Menschen, die herzlich wenig über ihren Selbstwert nachdenken. Die gar keine Zeit haben, sich über ihren Selbstwert Gedanken zu machen, weil sie viel zu sehr mit irgendeinem wichtigen Projekt oder mit einer großen Vision beschäftigt sind. Selbstwert kommt auch auf Umwegen, nämlich dadurch, dass ich einen Sinn in meinem Leben sehe und danach lebe.

„Find out who you are and do it on purpose." –
„Finde heraus, wer du bist, und tu es mit Absicht."
Finde heraus, wozu du lebst, und lebe mit Absicht.

Auf solchen Wegen kommt Selbstwert zustande.
Denn ich bin überzeugt:
Wir als Menschen sind gebaut für mehr.
Wir sind dafür gebaut, mehr in unserem Leben zu erleben an Sinn und an Tiefe, als uns unser alltägliches Leben zu geben in der Lage ist.
Meine Überzeugung ist, dass wir auf einen Sinn angelegt sind, der tiefer ist als alles, was wir in dieser Welt tagtäglich erleben.

Nichts in der Welt bringt die Frage danach in uns zum Schweigen.

Das ist meine These, ich möchte sie illustrieren mit dem *„Gesetz von der Erhaltung der Unzufriedenheit".*

Das funktioniert folgendermaßen: Ich bin in der Schule und denke mir:
„Die Schule ist ja ganz nett, aber manchmal auch nervig. Wenn ich endlich die Schule hinter mir habe und zum Beispiel an der Universität bin – also ein „Mensch" in den Augen der Gesellschaft –, *dann* geht's mir gut."
Dann bin ich an der Universität, dummerweise strömen zahllose Fragen auf mich ein:
Wo gibt es Karten für den Kopierautomaten? Wie verpflichtend sind Pflichtveranstaltungen? Was darf ich den Hausmeister meines Wohnheims fragen? Wo geht's zu H2/651? Und so weiter.
Ich denke mir: „In Ordnung. Wenn ich alle diese Fragen geklärt habe, *dann* geht's mir gut.
Wenn ich die Zeit der Prüfungen hinter mir habe, *dann* …
Wenn ich die Zeit der immerwährenden Praktika hinter mir habe und eine Anstellung habe, *dann* …
Wenn ich erst einmal die Partnerin oder den Partner fürs Leben gefunden habe …
Wenn wir erst einmal Kinder haben …
Wenn die Kinder erst einmal aus dem Gröbsten raus sind …
Wenn ich erst einmal die Midlife-Crisis überwunden und mir einen Geländewagen angeschafft habe …"

(Das ist anscheinend ganz wichtig, auf deutschen Auto-
bahnen mit Geländewagen herumzufahren.)
Und zuletzt heißt es: „Wenn ich erst einmal in Rente bin,
dann geht's mir gut."
Und dann gibt es Menschen, die sind in Rente und
sagen: „Ach ja … man müsste noch mal zwanzig sein …"

Ich finde es durchaus o. k., dass man sich Ziele setzt und
sich freut, wenn man seine Ziele erreicht. Natürlich habe
ich mich zum Beispiel in der Woche vor meiner mündlichen Doktorprüfung darauf gefreut, dass sie bald vorbei sein wird, und gedacht: „Wenn ich das endlich hinter
mir habe, dann kann ich mich entspannen."

Ich glaube allerdings nicht, dass allein durch das Erreichen vieler kleiner Etappenziele die Frage nach dem
tieferen Sinn meines Lebens beantwortet wird. Wie
gesagt, ich kann vollkommen verstehen, dass man sich
Ziele setzt und sich von dem Erreichen dieser Ziele
Glücksgefühle verspricht.

Nur: Die grundlegende, tiefer liegende Frage nach dem,
was mein Leben wirklich sinnvoll macht, wird auf diese
Weise nur verschoben. Sie wird dadurch nicht beantwortet. Das ist meine Überzeugung.

Was habe ich nun als ein glaubender Mensch dazu zu
sagen?
Ich möchte das mit einem Bild beschreiben, und dieses
Bild hat, wie alle Bilder, seine Grenzen.[2] Es erfordert ein

bisschen Fantasie. Das Bild funktioniert folgendermaßen:

Ich stelle mir vor, ich bin ein Buch.
Ein relativ voluminöses, vorzugsweise philosophisches
Buch. Und: Ich liege unter einem Beamer. Manchmal
stehen Beamer ja auf Büchern, damit sie hoch genug
projizieren. Nun braucht man Fantasie: Wäre ich dieses
Buch, dann hätte ich ein Problem. Ich würde mir näm-
lich viele Fragen stellen. Ich würde mich fragen:
Warum bin ich aus Papier?
Warum bestehe ich aus vielen verschiedenen papierenen
Seiten, auf denen Punkte und Striche sind, die Buch-
staben ergeben?
Warum ergeben die Buchstaben Worte und die Worte
ergeben Sätze und die Sätze ergeben Sinnzusammen-
hänge?
Brauche ich das, um einen Beamer abzustützen?
Nein. Ich hätte also, als dieses Buch unter dem Beamer,
eine Identitätskrise.
Ich würde mich fragen:
Was tue ich hier eigentlich?
Wozu bin ich eigentlich da?
Ich erfülle einen Zweck, aber es scheint nicht der Zweck
zu sein, zu dem ich gemacht bin.
Irgendetwas fehlt.

Der christliche Glaube sagt: Genauso geht es Menschen,
die in dieser Welt leben ohne Beziehung zu Gott. Weil
wir Menschen gebaut sind für eine Beziehung zu Gott.

Das ist die Beziehung, die uns zutiefst entspricht, und solange wir diesen Kontakt mit unserem Schöpfer nicht haben, merken wir, dass etwas fehlt. Wir wissen nicht, was es ist, wir merken nur, dass etwas fehlt. Der Philosoph und Theologe Augustinus hat vor ungefähr 1.600 Jahren gesagt:

„Du, Gott, hast uns zu dir hin geschaffen, und unruhig ist unser Herz, bis es Ruhe findet in dir."[3]

Was wäre, wenn diese innere Unruhe und Leere ein Hinweis darauf wären, dass wir wirklich für mehr gebaut wurden?
Was wäre, wenn diese Sehnsucht: „Das kann doch nicht alles gewesen sein" gar keine Überfunktion unseres Hirns wäre?

Was wäre, wenn also diese „Sehnsucht nach mehr" berechtigt wäre – und wir hätten bisher nur an der falschen Stelle gesucht?

Der christliche Glaube sagt, diese Sehnsucht zeigt auf Gott.

An dieser Stelle möchte ich Ihnen auch gleich eine Sorge nehmen – nämlich, dass jetzt sehr vorhersehbare, sehr simple und platte Antworten gegeben werden. Wie in der berüchtigten Kinderbibelstunde, in der die Leiterin zu den Kindern sagt: „Liebe Kinder, ich stelle euch jetzt ein Rätsel. Es ist klein, braun, hat einen langen Schwanz, springt von Ast und zu Ast und holt Nüsse. Was ist das?" Alle Kinder schweigen. Dann meldet sich zaghaft ein kleiner Junge und sagt: „Also, es hört sich für mich wie ein Eichhörnchen an. Aber so wie ich den Laden hier kenne, ist es wahrscheinlich doch wieder Jesus."[4] Diese Sorge kann man ja haben, dass große, schwierige, existenzielle Grundfragen aufgeworfen werden, und am Ende bekommt man doch immer die gleichen platten Antworten.

Ich werde mich also bemühen, tiefer zu graben. Schon weil ich finde, dass der christliche Glaube es verdient hat, dass man sich differenziert mit ihm beschäftigt. Und zwar weil das Leben, das wir führen, ziemlich differenziert ist. Zu viele Missverständnisse im Blick auf den Glauben hängen damit zusammen, dass Menschen immer nur Teilwahrheiten hören, dass sie stückweise, ausschnitthaft irgendetwas aufschnappen und dann meinen, das sei es nun.

Christen glauben, dass Menschen für die Beziehung mit Gott gemacht sind, und dieser Glaube hat tatsächlich zentral etwas mit der Person Jesus zu tun. Denn wir glauben: Gott ist nicht einfach ein Gegenstand unserer Spekulation, sondern Gott begegnet uns an einer ganz bestimmten Stelle: in der Person Jesus Christus. Wenn wir uns Jesus anschauen, dann sehen wir Gott mitten ins Herz.

Natürlich kann man sofort fragen, wie man denn überhaupt zu so einer Überzeugung kommen kann.

Es gibt doch genügend andere Versionen von „Gott".

Warum sollte man Gott ausgerechnet in der Person Jesus suchen?

Das sind alles völlig berechtigte Fragen, auf die ausführlich später im Buch eingegangen wird, vor allem in den Kapiteln drei und fünf. An dieser Stelle geht es mir allerdings zunächst um etwas anderes: Was würde das für uns bedeuten, wenn das stimmte? Dass Gott so ist wie Jesus – wie würde sich das auf unsere Frage nach Selbstwert und Sinnsuche auswirken? Darüber möchte ich kurz nachdenken.

Gott sucht

Wenn es nämlich stimmt, dass uns in Jesus Gott begegnet, dann begegnet uns in Jesus ein Gott, der nach uns sucht. Ein Gott, der nicht irgendwo fernab von der Welt sitzt und seine Transzendenz feiert, distanziert und von allem, was wir tun, völlig unbeeindruckt. Der hin und wieder auf die Erde schaut, ein paar kritische Kommentare abgibt oder vielleicht eine Beileids-E-Mail schreibt. Nein.

Wir glauben, dass dieser Gott Sehnsucht empfindet.

Sehnsucht nach seinen Geschöpfen.

Da geht Jesus mit seinen Leuten am Ufer eines Sees entlang, und ich stelle mir vor, sie scherzen und reden munter durcheinander.[5] Auf einmal werden sie schweigsam, weil am Horizont ein Haus in Sicht kommt, an dem sie ungern vorbeigehen. In dem Haus wohnt ein Mensch, den sie nicht so sehr mögen. Der wohnt an einer der wenigen Handelsstraßen und kassiert von den kleinen Händlern, die dort vorbeifahren, Wegezoll, die Maut. Er ist im Bunde mit der römischen Besatzungsmacht und damit so etwas wie ein Kollaborateur, ein inoffizieller Mitarbeiter. Er knöpft den Menschen viel mehr Geld ab, als ihm zusteht, und sie können nichts dagegen machen, weil die Besatzungsmacht hinter ihm steht. Diesen Menschen mögen sie nicht. Wir würden ihn auch nicht mögen. Da sitzt dieser Mann in einem Raum voller Geld. Geld auf dem Tisch, Geld in Säcken, Bücher, in die seine Mitarbeiter Zahlen hineinschreiben. Jesus sagt zu seinen Leuten: „Bleibt mal stehen", und geht auf das Haus zu.

Seine Leute sagen: „Was hat er denn jetzt schon wieder vor? Immer macht er irgendetwas, womit wir nicht gerechnet haben."

Jesus geht auf das Haus zu, der Mann sieht aus dem Haus heraus, sieht diese Gestalt auf sich zukommen,

sieht, wie Jesus näher auf das Haus zukommt, sieht seine
Mitarbeiter an, sieht seine Bücher an, sieht das Geld an.
Jesus kommt immer näher, die Leute von Jesus sehen
ihn an, wie er auf das Haus zugeht.
Jesus steht auf der Schwelle des Hauses, sieht diesen
Mann an.
Der Mann steht auf, sieht Jesus an.
Jesus sieht den Mann an und sagt:
*„Komm mit. Lebe mit mir. Lass alles liegen und stehen,
lass dein altes Leben hinter dir und fang noch einmal ganz
von vorne an. Ich nehme dich so, wie du bist."*
Der Mann sieht sich um: Das Geld, seine Mitarbeiter,
die ihn alle anschauen …
… und steht auf und geht mit. Etwas an Jesus muss ihn
ungeheuer fasziniert haben!

Die Berichte über Jesus im Neuen Testament sind voll
davon, dass Jesus mit einzelnen Menschen so umgeht.
Das macht etwas mit einem Menschen, wenn ihm eine
solche vorbehaltlose Liebe begegnet.

In Europa kann man den Eindruck gewinnen, dass wir
in einer nachchristlichen Gesellschaft leben, also in einer
Gesellschaft, die größtenteils glaubt, sie hätte den christlichen Glauben hinter sich, auch wenn sie ihn vielleicht
noch niemals wirklich kennengelernt hat. In einer solchen Gesellschaft offen und engagiert vom Glauben –
besonders über Jesus – zu reden, ist absolut nicht mehr
„in". Mir ist klar, dass ich Ihnen damit einiges zumute.

Wenn Sie mal überprüfen möchten, wie das gesellschaftliche Klima ist, können Sie bei der nächstbesten Party
auf einen wildfremden Menschen zugehen und zu ihm
sagen: „Guten Tag, mein Name ist XY, und mich würde
interessieren, ob Sie eine persönliche Beziehung zu Jesus
Christus haben." Dann wird der andere mit ziemlicher
Wahrscheinlichkeit sein Bier- oder Bionade-Glas leeren,
einen Vorwand murmeln und das Weite suchen.

Deswegen entschuldige ich mich auch dafür, ich weiß,
dass es, wie gesagt, für Sie durchaus eine Zumutung sein
kann, wenn ich Ihnen so ungeschützt meine Gedanken
über Gott und Jesus vorlege. Ich bin einfach überzeugt
davon, dass darin die Antwort auf die Frage nach dem
Wert und nach dem Sinn steckt.

Deswegen lautet meine Bitte an Sie an dieser Stelle:
Prüfen Sie einfach nur, ob das Ganze für Sie Sinn macht.

Erinnern wir uns an das Buch, das unter dem Beamer
liegt. Stellen wir uns mal vor, dieses Buch könnte in
einer Bibliothek stehen. Spätabends, kurz vor Schlie-
ßung, rennt ein Philosophiestudent in diese Bibliothek,
zerrt das Buch aus dem Regal, und mit fiebrigen Fingern
blättert er darin, saugt die Informationen auf, weil er
am nächsten Tag eine wichtige Prüfung hat. Wäre ich
dieses Buch, würde ich mir denken: „Ah!! Dafür bin ich
gemacht. Das ist das, wofür ich da bin."

Meine Überzeugung ist, wenn wir als Menschen mit diesem Gott, der uns in Jesus begegnet, in Kontakt kommen, dann passiert etwas ganz Ähnliches, dann merken wir:

„Ach so! Dafür bin ich gemacht.

Ich bin gemacht für einen Sinn, der viel tiefer reicht als all die Teilsinne, die ich in meinem Leben finden kann. Für einen Sinn, der unzerstörbar ist, auch wenn die äußeren Bedingungen meines Lebens noch so schwierig sind.

Ich bin gemacht für eine Liebe, die alles übersteigt, was ich jemals erlebt habe, eine Liebe, die realistisch ist, die mich ganz offen und realistisch wahrnimmt und die zugleich bedingungslos ist. Die begeistert ist davon, dass ich da bin, und die mir gilt, egal, was ich tue oder lasse.

Dafür bin ich gemacht, für eine unendlich liebevolle, verlässliche und ewig dauernde Liebe.

Und ich bin gemacht für eine Hoffnung, die alles übersteigt, was ich bisher erlebt habe, eine Hoffnung, die sogar die Grenzen dieses Lebens übersteigt."

Damit habe ich auch schon angedeutet, worum es in den folgenden Kapiteln gehen wird. Vielleicht haben Sie Lust bekommen weiterzulesen.

Beweisen kann ich Ihnen nicht, dass das alles so ist, wie ich es beschreibe.

Ich kann Argumente nennen.

Ich kann zeigen, dass Glaube denkmöglich ist. Und ich

kann Ihnen beschreiben, was es mit Ihrem Leben macht,
wenn Sie an diesen Gott glauben.

Aber auf die eine Frage, was Sie mit dem Ganzen anfangen, kann ich Ihnen keine Antwort geben.

Ich finde nur:

Wenn auch nur die Möglichkeit besteht, dass etwas
an dem dran ist, was der christliche Glaube verspricht –
dann sollten Sie einfach weiter nachforschen.

Ich leiste, also bin ich?

Über Leistung und Identität

Bestimmt ist Ihnen auch schon aufgefallen, dass man die großen Lebensfragen relativ leicht beantworten kann. Die großen Lebensfragen lauten, so sagt es die klassische Philosophie:

„Wo komme ich her?
Wo gehe ich hin?
Was soll ich tun, was darf ich hoffen?"

Wenn ich Vorträge mit diesen vier klassischen Fragen beginne, ist die Antwort in meinem Fall relativ leicht.

Wo komme ich her? Aus Greifswald, da wohne ich seit ein paar Jahren.
Wo gehe ich hin? Dahin wieder zurück.
Was soll ich tun? Jetzt hier diesen Vortrag halten.
Was darf ich hoffen? Dass das, was ich sage, einigermaßen Sinn macht.

Damit sind die Fragen beantwortet. (Das war natürlich nur ein Scherz.) Was will ich damit sagen? Ich vermute, dass wir es gewohnt sind, die großen, existenziellen Fragen an das Leben nicht mehr ernsthaft zu stellen –

auch und gerade die Frage: Wer bin ich eigentlich?
Bin ich wirklich nur das, was ich leiste? Bin ich nur das
wert, was andere in mir sehen, bin ich nur so viel wert,
wie meine Noten oder mein Gehaltszettel aussagen?
Wer bin ich eigentlich wirklich?

Ich vermute, dass wir diese Frage relativ selten ernsthaft
stellen. Es hängt damit zusammen, dass es meistens in
unserem Alltag dringendere Fragen gibt, die zunächst
einmal beantwortet werden müssen. Wenn man zum
Beispiel an eine Uni oder in einen neuen Betrieb kommt,
stehen oft sehr alltägliche Fragen im Vordergrund: Wo
gibt es Kaffee? Wo ist das WC? Wo kann ich den Müll
entsorgen? Was muss ich wie und bis wann erledigen?
Usw. In den täglichen Anforderungen rücken existenzielle Fragen meistens in den Hintergrund. Das ist verständlich und ganz normal.

Bitte keine Fragen

Ein anderer Grund für unsere Distanz zu tiefergehenden
Fragen scheint mir folgender zu sein:

Kann es nicht sein, dass wir zu einer Generation gehören, die skeptisch geworden ist gegenüber den großen
Antworten, die man auf diese großen Fragen geben
kann?
Die Antworten, welche die Philosophien, die verschiedenen Ideologien und auch die Religionen geben.

Wenn wir diese Antworten hören, sagt in uns eine Stimme:
„Nun mal halblang. Jetzt ziehen wir erst einmal zehn ab, teilen das Ganze durch zwei und schauen dann, was dann übrig bleibt. Und ob es im Alltag umsetzbar ist."
Wir sind skeptisch geworden.

Das ist ein typisches Merkmal unserer Zeit.

Trotzdem bin ich dafür, die großen, existenziellen Fragen zu stellen, auch die Fragen:
Wer bin ich, was macht mich eigentlich aus?
Bin ich nur das wert, was ich leiste, oder was macht meinen Wert aus?

Ich bin zum einen dafür, diese Fragen zu stellen – weil wir es können. Wir sind als Menschen dazu in der Lage, zu unserem eigenen Leben sozusagen einen Schritt auf Distanz zu gehen, unser eigenes Leben von außen anzuschauen, zumindest für einen Moment, und uns zu fragen: „Was genau lebe ich da eigentlich? Welche Aussage mache ich mit der Art und Weise, wie ich lebe, darüber, was ich für meinen Wert halte?" Ich will da mal ganz altmodisch sein:

Es gehört zu unserer Würde als Menschen, dass wir uns solche Fragen stellen können.

Deswegen sollten wir uns diesen Luxus hin und wieder gönnen. Ich sage bewusst, das ist ein Luxus. Es ist nämlich gar nicht so einfach, das zu tun, weil wir in einer Zeit leben, in der wir ständig von so einer Art Hintergrundrauschen umgeben sind. Ständig lenkt uns irgendetwas davon ab, uns einmal ernsthaften Fragen zu stellen.

Deswegen möchte ich gleich zu Beginn dieses Kapitels folgende Empfehlung aussprechen, sie ist natürlich nur ein Vorschlag zur Güte:

Wenn Sie irgendwann in den nächsten Tagen Zeit haben, setzen Sie sich doch mal zu Hause hin, schließen Sie die Tür hinter sich, und versuchen Sie einmal, alles abzuschalten. Aus dem Internet ausloggen, das geht. Auch wenn man eine Flatrate hat. Den Computer ausschalten. Das Handy, den MP3-Player, den CD-Player, die Stereoanlage, das Radio, die Mikrowelle, den Backofen, die Waschmaschine, den Staubsauger ...
Einfach einmal alles abschalten, hinsetzen, ruhig sein und nachdenken:
Wer bin ich eigentlich?
Wie lebe ich?
Welche Aussage mache ich mit der Art und Weise, wie ich lebe, darüber, was ich für meinen Wert halte?
Und möchte ich diese Aussage machen?

Das ist ein Luxus, wie gesagt, und gerade deshalb finde ich, wir sollten uns diesen Luxus hin und wieder gönnen.

Auch aus einem weiteren Grund sollten wir das tun –
weil nämlich sonst andere Leute diese Frage für uns
beantworten. Andere Leute oder auch andere Institutio-
nen, die wissen nämlich ganz genau, wozu sie uns brauchen können. Als schweigende Mehrheit, als Stimmvieh,
als Konsumenten usw. Deshalb sollten wir diese Frage
vielleicht doch lieber selbst beantworten.

Es gibt noch einen dritten Grund, warum ich dafür bin,
diese Frage zu stellen: Weil sie uns hilft bei einer ganz
anderen Frage, nämlich:
Was macht es eigentlich für mein Leben aus, wenn ich
mich aufs Christsein einlasse?
Welche Auswirkung hat christlicher Glaube auf mein
Leben?

Yes, we can!

Fragen wir also: „Wer bin ich? Bin ich nur das wert,
was ich leiste?"
Manche Leute sagen: „Das wäre ja gar nicht schlecht,
wieso wird immer gegen Leistung polemisiert, das
ist doch eine feine Sache." Wir haben doch alle noch
die Bilder vor Augen vom Herbst und Winter des
Jahres 2008, als sich Hunderttausende von Menschen
in Amerika auf den Straßen drängten und vor allem
den Afroamerikanern die Tränen in den Augen standen,
weil einer von ihnen es geschafft hatte, einer der mäch-
tigsten Menschen der Welt zu werden. Dessen Credo,

das inzwischen ja schon so etwas wie ein Slogan geworden ist, lautet:

„Yes, we can!"

Ja, wir können es, wir können etwas bewegen. Auch wenn politisch nicht alles so einfach wurde, wie es sich damals vielleicht viele erhofft haben – es ist trotzdem eine elektrisierende Botschaft, dass wir mit unserer Leistung und Energie etwas bewegen können. Davon möchte ich nichts wegnehmen.

„Bin ich nur das wert, was ich leiste?", kann man aber trotzdem fragen. „Bin ich nur das wert, was andere in mir sehen? Ist es das, was mich ausmacht? Oder bin ich auswechselbar wie eine Nummer, sobald meine Leistung nachlässt?"

Ich habe mal von einer britischen Universität gehört, die ihren neuen Studenten einen Brief schrieb, einen vorgedruckten Brief, der ungefähr folgendermaßen begann: „Lieber Student Nr. 2578XB! Wir haben ein persönliches Interesse an Ihnen." Nun ja.

Manche allerdings würden auf die Frage „Wer bin ich?" erwidern: „Wer ich bin und was mich ausmacht, das entscheide ja wohl immer noch ich selbst und niemand anders. Natürlich habe ich meine Geschichte; ich habe bestimmte Eigenschaften, bestimmte Erfahrungen gemacht und so weiter. Aber was mich zutiefst ausmacht, wer ich sein möchte, das entscheide ich doch wohl selbst.“

„Be yourself, no matter what they say“, hat der Rockmusiker Sting vor vielen Jahren gesagt, die Älteren werden sich erinnern.

Ich glaube trotzdem, es ist nicht so einfach, sich vom Leistungsprinzip zu lösen. Warum das so ist, davon habe ich schon im ersten Kapitel gesprochen. Es hängt damit zusammen, wie eng wir als Menschen miteinander verbunden sind. Das möchte ich jetzt noch einmal ausführlicher erläutern.[6]

Ich bin nämlich überzeugt, dass wir als Menschen auf Beziehung angelegt sind.
Die Beziehungen, die wir zu anderen Menschen haben, machen uns im Tiefsten aus und prägen uns. Wenn man ein bisschen älter wird, entdeckt man zum Beispiel, welche Eigenschaften seiner Eltern man fast unmerklich übernommen hat. Gesten, Gesichtsausdrücke oder eine Art und Weise, sich auszudrücken. Alles ganz harmlos, aber man merkt: Da komme ich her.

Ich bin „ich“ immer nur als jemand, der mit anderen in Beziehung steht – als Freund meiner Freunde, als Kollege meiner Kollegen und so weiter.

Das alles macht mich aus. Deswegen verstehe ich es auch nicht, wenn in alten Schwarz-Weiß-Filmen manchmal

Sätze fallen wie: „Nimm dich in Acht vor dieser Frau. Diese Frau ist eine Frau mit einer Vergangenheit!" Dann denke ich immer: „Das will ich doch schwer hoffen." Jeder Mensch hat eine Vergangenheit, auch wenn sie vielleicht nur ganz kurz ist. Aber unsere Vergangenheit macht uns aus. Wir können uns nicht so einfach davon lösen, dass sie durch zahlreiche Beziehungen geprägt wurde.

Wir sind nun mal durch und durch Beziehungswesen.

Das Wenn-Dann-Prinzip

Das Problem ist nun: In diesen Beziehungen, die uns so sehr prägen, erfahren wir Zuwendung und Anerkennung. Darauf sind wir angewiesen. Wir erfahren nur leider häufig, fast immer, dass diese Zuwendung von irgendwelchen Bedingungen abhängig gemacht wird. Ich nenne das immer das Wenn-Dann-Prinzip.

„Wenn du nett bist, dann bin ich nett zu dir."

„Wenn du attraktiv bist, dann finde ich dich anziehend."

„Wenn du kompetent bist, dann hören dir die Leute zu."

„Wenn du es zu etwas bringst, dann respektieren dich die Leute."

„Meine Damen und Herren, wenn Sie das in der Prüfung nicht draufhaben, dann wird es kritisch."

„Wenn du dein Zimmer aufräumst, dann sind Mama und Papa nett zu dir."

„Wenn du endlich freundlich zu deiner Schwester bist, dann haben wir dich wirklich gern." Und so weiter.

Nun habe ich nichts dagegen, dass es zum Beispiel an einer Universität so etwas wie Noten gibt. Wobei ich es nicht hilfreich finde, wenn es ständig und für alles Noten gibt und jedes Thema augenblicklich abgeprüft wird. Aber prinzipiell habe ich nichts dagegen – solange klar ist, dass mit Noten die Leistungen und Fähigkeiten eines Menschen bewertet werden, aber nicht der Mensch selbst. Es wird nur gesagt: „Das kannst du gut, das andere solltest du lieber lassen. Hier warst du fleißig, da nicht so sehr. Aber über deinen Wert als Mensch ist damit nichts ausgesagt."

Das Problem ist nur, wenn man das dauernd hört: „*Wenn* du das schaffst, *dann* … und wenn nicht, dann landest du im Aus! Wehe, wenn du es nicht schaffst!", dann kommt man irgendwann wirklich auf die Idee:

„Moment. Vielleicht bin ich ja wirklich nur so viel wert, wie ich leiste und andere in mir sehen."

Nun kann man natürlich sagen: „So ist das eben. Damit muss man sich abfinden."

Oder: „Das alles mag ja ein Problem sein für Menschen, die in ihrem Leben übermäßig viele Misserfolge zu erleiden haben. Es ist gut, dass das einmal aufgearbeitet wird. Aber ehrlich gesagt: Mir geht es gut damit. Ich akzeptiere, dass ich für meine Zuwendung und meine Anerkennung etwas tun muss. Ich bin bereit, den Preis zu zahlen. Ich bin nicht der Schlaueste von allen, aber ich komme zurecht. Ich bin auch nicht der Beliebteste und der Bestaussehende, aber ich habe meine Leute. Ich bin akzeptiert, mir geht es gut damit."

Wenn das so ist, wenn Menschen das von sich sagen können – dann freut mich das für sie. Und ich werde mich hüten, ihnen Probleme einreden zu wollen, nach dem Motto: „Aber morgen könntest du krank werden und dann …"
Das fände ich hochgradig unredlich.

Ich behaupte allerdings, dass dieses Wenn-Dann-Prinzip auf Dauer auch da unbefriedigend ist, wo es sozusagen funktioniert.

Ich möchte das anhand einer Fantasie veranschaulichen; ich stelle mir also jetzt etwas vor, das nicht wirklich passiert ist. Ich gehe dafür in meine Studienzeit zurück und stelle mir ein großes Erfolgserlebnis vor. Ich stelle mir vor, ich habe eine entscheidend wichtige Prüfung glänzend bestanden. (Fantasie!) Ich sitze in einer Kneipe, trinke ein kühles Guinness, bin umgeben von netten Menschen, die artig über alle meine Witze lachen. Ich fühle mich so richtig rundum wohl. Und dann – habe ich plötzlich so eine Art philosophischen Aussetzer. Ich frage mich: „Moment mal. Bin ich das wirklich? Bin ich wer, nur weil ich das jetzt geschafft habe? Bin ich etwas wert, nur weil ich bei diesen Menschen ankomme? Bin ich nicht eigentlich – viel mehr?" Das Prinzip kann also auch da nicht zufriedenstellen, wo es sozusagen funktioniert.

Was wäre, wenn es eine Alternative gäbe? Wie gesagt: Ich rede an dieser Stelle als Christ.

Die un-bedingte Liebe

Das Herzstück des christlichen Glaubens ist meiner Überzeugung nach die Aufhebung des Wenn-Dann-Prinzips. Das Gegenteil des Wenn-Dann-Prinzips.

Wenn wir Christen nämlich von der Liebe Gottes reden, dann sind wir überzeugt: Diese Liebe gilt jedem Menschen ohne „Wenn …“.
Wir glauben, dass Gott jeden einzelnen Menschen sieht, und zwar ganz realistisch und ganz unverstellt. Dass er zu jedem einzelnen sagt:

„Ich kenne dich. Ich kenne dich ganz genau. Ich sehe dich. Ich kenne deine Licht- und Schattenseiten. Ich weiß um Dinge, die du dir vielleicht noch nicht einmal selbst eingestehst. Und: Ich liebe dich. So, wie du bist. Ich akzeptiere dich. Ich freue mich über jede Sekunde deiner Existenz, über jeden Atemzug. Und du kannst und du musst nichts dafür tun. Du kannst mich von dieser Liebe nicht abbringen. Ich dränge sie dir nicht auf, du musst sie nicht erleben. Aber sie gilt dir, ohne dass du etwas dafür leisten musst, ohne Vorbedingungen."

Das ist es, was wir Christen meinen, wenn wir „Gnade" sagen.

Gnade heißt nichts anderes als un-bedingte Liebe.
Eine Liebe, die keine Bedingungen stellt.

Und wir glauben, dass das nicht nur eine schöne Idee ist,
eine Art spirituelle Seelenmassage, sondern wir glauben,
dass es einen ganz konkreten Anhaltspunkt dafür gibt,
dass Gott Menschen mit dieser Art von Liebe begegnet
– nämlich die Person Jesus. Wir glauben, dass Jesus Gott
selbst verkörpert. Wenn wir Jesus anschauen, haben
wir vor Augen, wie Gott ist und wie er zu uns steht. In
Jesus haben wir jemanden vor Augen, der Menschen
ganz genau diese Liebe entgegenbringt, der Menschen
mit vorbehaltloser Liebe begegnet. Er kann sehr kritisch
sein gegenüber Verhaltensweisen – Arroganz, religiöse
Intoleranz usw. –, aber er akzeptiert die Person. Es gibt
nichts, was ihn dabei überfordern könnte.

Da steht ein Mann an der Straße und man kann seinen
Mut nur bewundern.[7]

Manchmal hat man ja etwas an sich, das man gerne ver-
bergen möchte. Manchmal ist das ein äußeres Merkmal.
Ich bin einmal jemandem begegnet, der hatte auf einer
Seite seines Gesichtes eine große Brandverletzung. Ich
selbst fand das nicht schlimm; aber ich habe gemerkt,
dass er immer seinen Kopf leicht weggedreht hat, sodass
man nur die heile Seite des Gesichtes sah. Manchmal
sind es äußere Makel, manchmal sind es auch innere
Schwierigkeiten. Unangenehme Eigenschaften oder
Dinge, die man getan hat und von denen man denkt:

„Das soll besser keiner wissen. Wenn die das wüssten, was würden die dann denken?"

Bei diesem Menschen ist das alles überhaupt kein Geheimnis; er ist von oben bis unten übersät mit Geschwüren. Sie schmerzen und sie riechen unangenehm. Das ist in seiner Zeit und seiner Kultur nicht nur ein medizinisches Problem, sondern auch ein religiöser und ein gesellschaftlicher Makel. Ein solcher Mensch musste sich von den anderen fernhalten. Denn die anderen fuhren ihn andauernd an: „Du bist unrein, bleib auf Distanz! Verzieh dich!" Er musste sogar, wenn er sich denn mal in die Öffentlichkeit wagen sollte, vor sich selber warnen. Das muss man sich vorstellen: Wir wären, wenn wir durch die Stadt laufen, gezwungen, andere Menschen vor uns zu warnen: „Bleibt bloß weg von mir, ich habe folgendes Problem!"

Aber dieser Mensch steht da an der Straße – man kann seinen Mut nur bewundern –, weil auf der Straße eine Gruppe von Menschen entlangkommt, von denen er weiß, das sind religiöse Leute.
Von religiösen Leuten hat er normalerweise nicht viel Gutes zu erwarten.
Das sind in der Regel eben die Leute, die sagen: „Halte Abstand! Komm uns nicht zu nahe!" Aber er steht da.
Die Gruppe kommt näher und der Kranke spricht den Mann in der Mitte der Gruppe an und sagt zu ihm:
Jesus – wenn du willst, dann kannst du mich rein machen. Dann kannst du mich heilen und gesund machen." Er

schaut in das Gesicht von Jesus und sieht darin nicht die Spur von Ablehnung, sondern er sieht in diesem Gesicht: Willkommen. Jesus streckt die Hand aus und berührt ihn, vielleicht an der Schulter – das heißt, er berührt ihn genau da, wo dieser Mann sich für vollkommen unmöglich hält.

Der Gott, an den Christen glauben, begegnet uns genau an den Stellen, an denen wir uns für vollkommen unmöglich halten, und sagt: „Ja, ich weiß das alles. Aber weißt du was, ich liebe dich trotzdem."

Und genau diese Berührung macht den Mann gesund.

Trennung von Person und Verhalten

Was bedeutet das für uns, wenn Gott wirklich so ist?

Wenn er uns mit genau dieser Liebe begegnet?

Diese Liebe ist ja nicht unrealistisch. Es ist keine Liebe, die unsere Fehler und Schattenseiten nicht sehen will oder verharmlost. Sondern es ist eine hoch realistische und sehr nüchterne Form von bedingungsloser Liebe, eine Liebe, die sagt:

„Ja, ich weiß, vieles, was gelaufen ist, ist nicht in Ordnung. Aber das ändert nichts daran, dass du für mich unendlich wertvoll bist."

Jesus schafft nämlich etwas, was wir Menschen ganz
schlecht hinkriegen:
die Trennung zwischen Person und Verhalten.
Zwischen dem, was ein Mensch wert ist, und dem, was
er leistet oder auch nicht leistet.
Das gibt ihm die Freiheit, manchmal auch Fehlleistun-
gen deutlich beim Namen zu nennen.

Da sitzt Jesus mit seinen Leuten irgendwo auf der Straße,
macht gerade Pause, und da kommt die theologisch
korrekte Fraktion der damaligen Zeit an, die Pharisäer.
Sie haben eine Frau im Schlepptau, die sie beim Ehebruch ertappt haben.[8] Das ist zur damaligen Zeit kein
Kavaliersdelikt, sondern eine schlimme religiöse Verfeh-
lung, darauf steht die Todesstrafe durch Steinigung. Die
religiös korrekte Fraktion denkt sich nun: „Jetzt haben
wir Jesus. Wir brauchen ihn nur zu fragen, was wir nun
mit der Frau machen sollen. Entweder er sagt: ‚Ihr dürft
sie nicht steinigen, das ist nicht nett.' Dann können wir
ihn als religiöse Autorität nicht mehr ernst nehmen.
Oder er sagt: ‚Ja, so befiehlt es die Tradition. Macht das!'
Dann riskiert er damit sein Image als religiöser Softie,
das er sich aufgebaut hat."

Sie stehen also vor Jesus, die Frau im Schlepptau, und
sagen zu Jesus:
„Jesus, diese Frau hier haben wir ertappt beim Ehebruch.
Du weißt ja, was die Tradition befiehlt. Was sollen wir
machen?"
Jetzt kommt eine meiner vielen Lieblingsstellen im

Neuen Testament, im zweiten Teil der Bibel. Was macht nämlich Jesus?

Jesus malt im Sand.

Kann man nachlesen im Johannesevangelium, Kapitel 8: „Jesus bückte sich und schrieb etwas in den Sand." Ich stelle mir das ungefähr so vor:

Jesus malt im Sand, summt dabei scheinbar gedankenverloren vor sich hin, schaut dann hoch und sagt:

„Ach ja, die Frau, klar. Steinigt sie. Aber wer ohne Sünde ist, wer ohne Schuld ist, wer noch nie etwas Falsches getan hat, der soll den ersten Stein werfen."

Schon sind sie alle weg.
Bis auf die Frau.
Und Jesus sagt jetzt nicht zu der Frau: „Weißt du, was du gemacht hast, das muss man differenziert sehen. Das muss man aus dem Kontext heraus verstehen. Im Grunde konntest du gar nichts dafür. Das Klima, die gesellschaftlichen Umstände ..."

Nein – Jesus sagt zu der Frau, sinngemäß:

„Ich verurteile dich auch nicht. Du bist und bleibst für mich unendlich wertvoll. Das macht nicht richtig, was du getan hast. Aber weißt du was: Du hast jetzt die Chance, noch einmal ganz von vorne anzufangen."

Das ist die Trennung von Person und Verhalten.

Eine bedingungslose Liebe, die zugleich unendlich realistisch ist.

Stellen Sie sich vor, Sie könnten so durchs Leben gehen, auf diesem Fundament. In dem Wissen, dass die wichtigste Instanz des Universums nicht nur eine schöne Idee ist, sondern dass es sie wirklich gibt, als Ihr lebendiges Gegenüber, das Sie ständig begleitet und sagt:

„Du als Mensch bist und bleibst wichtig. Niemand kann dir den Boden unter den Füßen wegziehen."

Wir gehen weiter durch ein Leben voller Herausforderungen und voller Stress. Es funktioniert nicht alles von selbst. Ich bin der Letzte, der sagen würde:

„Werde Christ und dann darfst du sagen: ‚Man reiche mir ein Problem, ich bin voller Kraft.'"

Das ist nicht der Fall. Es bleibt ähnlich schwierig wie vorher. Der Unterschied ist: Das Fundament ist fest. Wie wäre das, so durchs Leben gehen zu können? Ich glaube, dass es sehr praktische Auswirkungen hat, wenn man die Liebe Gottes an sich heranlässt. Denn wie gesagt, das ist eine bedingungslose, aber keine vereinnahmende Liebe. Eine Liebe, die es respektiert, wenn wir uns von ihr abwenden.
Was passiert also, wenn wir uns ihr zuwenden?

Zwei Auswirkungen möchte ich nennen.

Erstens: Wie ist das zum Beispiel mit dem Thema Prüfungsangst?
Ich habe eine Zeit lang als Begleiter von Studentengruppen gearbeitet, als eine Art regionaler Studentenpastor. In Gesprächen mit Studierenden ist mir hin und wieder Prüfungsangst begegnet. Nun gibt es eine sehr normale und gesunde Form von Prüfungsangst, eine gesunde Nervosität. Die beschleicht einen irgendwann vor der Prüfung, je nach Naturell drei Monate oder drei Tage vorher. Sie führt dazu, dass wir unsere Lernanstrengungen verstärken. Diese gesunde Nervosität ist völlig in Ordnung. Hin und wieder allerdings begegnet mir in Gesprächen eine Form von Prüfungsangst, die geht tiefer, die hat etwas Existenzielles. Da haben Menschen den Eindruck: „Wenn ich das jetzt nicht schaffe, wenn ich diese Prüfung in den Sand setze – wer bin ich denn dann noch!? Dann bin ich nichts mehr und mein Leben bricht zusammen wie ein Kartenhaus. Ich muss das unbedingt schaffen!" Man muss kein ausgebildeter Psychologe sein, um zu wissen: Wenn man sich so unter Leistungsdruck setzt, dann ist man in aller Regel gerade nicht besonders leistungsfähig.

Umgekehrt: Ich weiß, ja, ich muss Prüfungen bestehen, auch im Berufsleben wird von mir Leistung erwartet; das geht natürlich nicht alles von selbst. Aber: Meine Identität hängt nicht davon ab und auch mein Lebenssinn hängt nicht davon ab. Natürlich ist es unangenehm, wenn ich schlecht bewertet werde, und es ist anstren-

gend, wenn ich scheitere, vielleicht sogar meine beruf-
liche Planung grundlegend ändern muss. Das gibt es
und das ist schmerzhaft. Weil man in diesem Fall sehr
viel Zeit in eine Sache investiert hat und auf einmal
denkt: „Wofür habe ich das eigentlich gemacht?" Klar
ist das schmerzhaft. Aber es reißt einem nicht mehr den
Boden unter den Füßen weg, weil das Fundament fest
ist. Mein Wert ist ungebrochen.
Ich behaupte, wenn man mit dieser Gewissheit in eine
Prüfungssituation geht, ist man paradoxerweise in aller
Regel leistungsfähiger.

Der zweite Punkt, der sich ändert, wenn man diese Liebe
an sich heranlässt, sind die Beziehungen, die man zu
anderen Menschen hat. Wenn man nämlich weiß: Ich bin
getragen von einer Liebe ohne „Wenn …", einer Liebe,
die mir vorbehaltlos gilt, dann kann man auf einmal
auch andere Menschen ganz entspannt betrachten. Man
kommt nicht mehr so schnell auf die Idee, sie ständig zu
taxieren und in Schubladen zu stecken und einzuordnen:
„Ist der für mich nützlich?
Ist das gut, wenn die mich mag?
Komme ich auch gut genug an bei diesen Leuten?
Habe ich ein ordentliches Standing?
Der ist langweilig, den lasse ich weg, die dagegen ist
klasse …"
Damit kann ich aufhören. Es ist nicht leicht, damit auf-
zuhören, aber es wird auf einmal möglich. Weil ich
weiß: Ich bin doch getragen von einer Liebe, die mir
unverbrüchlich gilt. Ich brauche nicht dauernd um die

Zuwendung anderer Menschen zu kämpfen und zu ringen. Ich kann andere Menschen endlich zweckfrei gernhaben. Das ist viel besser.

Das sind zwei sehr praktische Dinge, die sich ändern.

Ein Letztes möchte ich zumindest andeuten. Es geht nämlich bei alldem gar nicht nur um die Steigerung von Lebensqualität. Es geht bei der Beziehung zu Gott um etwas, was mir eine Perspektive auch über die Grenzen des Todes hinaus gibt.

Als Christen glauben wir diesen Wahnsinn.

Ich weiß, es ist Wahnsinn, das zu glauben, es gibt allerdings gute Gründe dafür: Die Beziehung, die wir mit Gott eingehen, hört nicht an den Grenzen des Lebens auf. Nach dem Tod wartet Gott auf uns, und wir sind in Ewigkeit bei ihm, endlich zu Hause angekommen. Auch das verändert die Art und Weise, wie wir dieses Leben hier leben. Darum wird es im allerletzten Kapitel dieses Buches noch einmal gehen.

Zuvor kann ich verstehen, wenn Sie sagen:
„Jetzt möchte ich aber erst einmal Gründe hören. Ich habe einiges mitbekommen darüber, welche Auswirkungen der Glaube an Gott auf Menschen hat. Das heißt aber noch lange nicht, dass dieser Glaube glaubwürdig ist."
Richtig – die Frage nach Gründen ist berechtigt.
Womit wir beim nächsten Thema sind.

Ich denke,
also bin ich hier falsch?

Über Glauben und gesunde Skepsis

Man kann ja die Dinge sehr verschieden wahrnehmen, je nachdem, wie man sie deutet.

In meiner Studienzeit in London hatte ich zum Beispiel einen Bekannten, der war der festen Überzeugung, dass alle Menschen, die an seinem Haus vorbeigehen, den Namen Dave tragen. Als ich mal bei ihm zu Besuch war, hat er mir die Theorie erläutert und hat mich auf den Dachbalkon des Hauses mitgenommen, in dem seine Wohnung war. Er hat nach unten auf die Straße geguckt und gewartet, bis jemand vorbeikam, und dann ganz laut gerufen: „DAVE!" Derjenige, der unten vorbeiging, guckte natürlich hoch, und mein Bekannter sagte: „Siehst du, der heißt auch Dave."

So kann man die Welt wahrnehmen.

Vielleicht gilt etwas Ähnliches ja auch für das Thema dieses Kapitels.
Das kann man ja ebenfalls sehr verschieden wahrnehmen.

Man kann sagen: „Eigentlich ist die Frage schon entschieden. Glaube ist vernünftig, Glaube lässt sich mit
kritischem Denken vereinbaren. Und das Fragezeichen
hinter dem Satz ‚Ich denke, also bin ich hier falsch?' ist
eigentlich nur ein taktisches Fragezeichen."

Wenn es ein taktisches Fragezeichen ist, dann käme es
in die Nähe dessen, was ich immer das christliche Sug-
gestiv-Fragezeichen nenne. Hinter den Titeln von christlichen Vorträgen oder christlichen Büchern stehen ja
häufig Fragezeichen. Meistens weiß man aber, was rauskommen soll. Zum Beispiel bei einem Titel wie: „Die
Bibel – heute noch aktuell?" Oder auch: „Atheismus –
Chance oder Irrweg?" Da ist es relativ offenkundig, was
rauskommen soll.

Aber ganz im Ernst: Für manche Menschen ist die Frage
wirklich schon entschieden: „Glaube und Denken widersprechen sich nicht", sagen sie.

Andere sind sich da nicht so sicher und sagen:
„So, wie Glaubende auftreten, wirkt das zwar zum Teil
sehr moderat. Gerade die westlichen Kirchenvertreter
gebärden sich ja normalerweise relativ zurückhaltend,
zum Beispiel auf dem Kirchentag oder in den Medien.
Aber trotzdem,' fragen sich manche Leute, „wenn man
sagt, es gibt etwas, an das ich fest glaube und das sich mit
der Vernunft nicht bis ins Letzte ausleuchten lässt, ja was
sich nicht einmal sinnvoll hinterfragen lässt – steckt in
dieser Auffassung nicht schon der Keim des Fanatismus?

Steckt darin nicht schon ein schwarz-weißes Weltbild, in dem es auf der einen Seite die Glaubenden, die Erleuchteten, gibt und auf der anderen Seite die Nicht-Glaubenden, die es noch nicht verstanden haben?

Steckt darin nicht schon der Keim eines Denkens, das irgendwann zur Verbrennung von Büchern führt und am Ende auch zur Verbrennung von Menschen?"

Das ist die Frage.

Ist Glauben wirklich so harmlos und friedlich, wie viele es sich vorstellen?

Nun kann ich genau diesen letztgenannten Vorbehalt verstehen, auch wenn ich ihn persönlich nicht teile. Ich bin überzeugter Christ, mache mir viele Gedanken und glaube, dass Glauben und Denken so gut zusammenpassen, dass ich gerade dadurch vor jedem Fanatismus bewahrt bleibe.

Ich finde den Vorbehalt dennoch verständlich – und zwar je nachdem, welche Vorerfahrungen ein Mensch mit Kirche, Christen und Glauben gemacht hat.

Glaube *anstelle* von Vernunft?

Vielleicht hat er zum Beispiel die Erfahrung gemacht, dass Christen und Glaubende hin und wieder Glauben anstelle von Vernunft ins Gespräch einbringen. Aus deren Perspektive mag das sogar hilfreich sein, denn wenn Glauben und Vernunft einander ausschließen, können sie sagen: „Das kann ich nun mal nicht begründen, das musst du halt einfach glauben." Das Problem ist, dass diese Auffassung ein Diskussionsstopper ist. Jedes gute, engagierte Gespräch kann man auf diese Weise sehr schnell beenden.

Die Auffassung erinnert deshalb an die berüchtigte Bibelstunde, in der ein Pastor aus dem Alten Testament vorliest: „Und Eva war ...", dann blättert er um, „300 Ellen lang, 50 Ellen breit und 50 Ellen hoch. Und von innen und außen war sie ganz mit Pech beschmiert." Er hat aus der Geschichte von Adam und Eva vorgelesen und dann aus Versehen zu weit geblättert und mit einem Abschnitt aus der Geschichte von der Arche Noah weitergemacht. Und jetzt versucht er verzweifelt, diese Textkombination auszulegen: „Also, dass Eva 300 Ellen lang, 50 Ellen breit und 50 Ellen hoch war, das können wir uns durchaus vorstellen. Denn sie war immerhin die Mutter des Menschengeschlechtes. Aber dass sie von innen und außen ganz mit Pech beschmiert war, das können wir uns nicht vorstellen, das müssen wir einfach glauben."[9]

Darauf liefe es hinaus, wenn man Glauben anstelle von Vernunft ins Gespräch bringt. Damit ist jedes Gespräch beendet.

Glaube als Muss?
Vielleicht haben Menschen auch erlebt, dass Glaube als ein „Muss" beschrieben wurde, das geradezu moralisch aufgeladen ist.

„Du *musst* das glauben", heißt es dann, „ein anständiger Mensch glaubt das."

Das Problem dabei ist, dass man seine zutiefst existenziellen Überzeugungen nicht einfach per Knopfdruck kontrollieren kann. Wovon ich überzeugt bin, das kann ich nicht einfach an- oder abstellen. Deswegen nutzt es auch nichts, die Aufforderung zum Glauben unter einen moralischen Druck zu bringen. Ich kann nicht einfach beschließen, an etwas zu glauben oder von etwas überzeugt zu sein. Genauso wenig, wie ich nur durch einen Willensakt von jetzt auf gleich Gedanken oder Gefühle einfach abstellen kann.

Das lässt sich ganz simpel demonstrieren.

Ich sage zu jemandem: „Ich gebe dir 10.000 Euro, wenn du 10 Minuten lang an keinen rosa Elefanten denkst."
Ein ganz altes psychologisches Experiment: Schon ist nämlich alles voller rosa Elefanten.

Wenn es nun beim Glauben um einen „Glauben anstelle von Vernunft" oder um ein moralisches Muss ginge, um einen Glauben also, der ohne jede Begründung auskommt, dann würde ich bestimmt nicht versuchen, dafür Werbung zu machen. Das könnte ich mir sparen.

Nun bin ich allerdings zutiefst überzeugt, dass es beim christlichen Glauben gerade *nicht* darum geht. Ich möchte das erklären, indem ich nicht nur etwas zum Glauben sage, sondern zunächst einmal auch etwas über das Denken.

Dazu stelle ich zwei Thesen auf.
Wie sich das für Theologen gehört, sind sie dialektisch formuliert, sie sind also zwei Seiten der gleichen Medaille.

Die erste These: Kein Denken ohne Glauben
Einer der Paten der neuzeitlichen Philosophie und Erkenntnistheorie ist der Franzose René Descartes, von dem der Satz stammt: „Ich denke, also bin ich."

(Studierende machen sich manchmal Sorgen, wenn sie diesen Satz hören, weil sie sich fragen: „Ja, und wenn ich nicht denke, bin ich dann weg?" Und manche Menschen machen sich Sorgen: Wenn sie in Kontakt mit dem christlichen Glauben kommen, müssten sie dann sagen: „Ich denke, also bin ich hier falsch."? Daher auch der Titel dieses Buches.)

René Descartes hat also gesagt: „Ich denke, also bin ich." Wie kommt er zu diesem Satz? Er hat nach sicheren Fundamenten unseres Wissens und unserer Erkenntnis gesucht. Er hat sich gefragt:
Gibt es etwas, das so sicher ist, dass man es nicht mehr sinnvoll bezweifeln kann?
Etwas, das man nicht irgendwie glauben muss, sondern das feststeht, das absolut sicher ist?

Descartes hat bei dieser Frage etwas eingesetzt, das man heute „methodischen Zweifel" nennt. Er hat alle seine Grundüberzeugungen überprüft und hat immer wieder

gemerkt: Ich kann das, wovon ich ausgehe, immer noch
weiter hinterfragen. Sogar meine Sinneswahrnehmung,
also die Überzeugung, dass ich bestimmte Dinge wahr-
nehme, kann ich hinterfragen.

Nur eins, sagt Descartes, kann ich nicht hinterfragen,
nämlich die Tatsache, *dass* ich zweifle.

Und wenn ich zweifle, dann denke ich auch, und wenn
ich denke, dann muss es auch jemanden geben, der
denkt – also mich.[10]

Damit sind wir bei dem Satz: „Ich denke, also bin ich."
Descartes war der Auffassung, damit eine sichere Grundfeste menschlicher Erkenntnis gefunden zu haben:
das menschliche Denkvermögen und damit auch die
Existenz des Menschen, der da denkt. Es gibt bei dieser
Lösung allerdings ein Problem, das Descartes damals
so noch nicht gesehen hat – das sage ich in aller Beschei-
denheit, ich bin allerdings nicht der Einzige, der das
sagt.
Das Problem ist, dass er selbst bei dieser scheinbar
sicheren Grundfeste immer noch eines fraglos voraussetzt, nämlich die Sinnhaftigkeit von Sprache. Um seine
Gedanken zu formulieren, braucht er Sprache; um den
Satz zu sagen: „Ich denke, also bin ich", braucht er Sprache. Sprache muss Sinn machen, mit Sprache muss man
Gedanken kommunizieren können, das ist eine unhin-
terfragte Voraussetzung, die er die ganze Zeit über mit
sich herumträgt.

Auch Descartes kommt also nicht ohne unbegründete Voraussetzungen aus, auch er kommt nicht ohne einen Glaubensakt aus.

Deswegen: Kein Denken ohne Glauben. Noch nicht einmal bei Descartes.

Vielleicht denken Sie jetzt: „Meine Güte, das ist aber ein kleines bisschen abgehoben, das finde ich jetzt ziemlich abstrakt." Das kann ich gut verstehen, und ich kann Sie beruhigen, dass ich selbst nicht täglich oder stündlich so denke. Es ist nicht so, dass ich morgens im Badezimmer zu meinem Spiegelbild sage: „Du denkst, also bist du, aber auch dieser Satz setzt die Sinnhaftigkeit von Sprache voraus." Das sage ich nicht, sondern wenn ich morgens vor meinem Spiegelbild stehe, sage ich eher Sätze wie: „Ich kenn dich nicht, ich wasch dich trotzdem." So viel dazu.

Ich finde allerdings, dass der Zusammenhang zwischen Denken und Glauben nicht nur ein theoretisches Thema ist, sondern dass man diesen Zusammenhang durchaus auch im Alltag erlebt.

Kein Denken ohne Glauben – ich würde sogar noch weiter gehen und sagen: Kein Leben ohne Glauben.

Es gibt überhaupt nichts, das man tun kann, ohne bestimmte Dinge zunächst einmal vorauszusetzen. Unser Tag beginnt schon mit einem Glaubensakt: In dem

Moment nämlich, in dem wir unsere Beine aus dem Bett schwingen und uns erheben, tun wir das in dem unausgesprochenen Glauben, dass der Boden unter uns standhält und nicht nachgibt.

(Das ist auch der Grund dafür, warum viele Studierende so lange brauchen, um aufzustehen. Ich kenne das aus meiner eigenen Studienzeit. Das liegt nicht daran, dass wir müde wären, nein, wir sind philosophische Skeptiker ...)

Oder: Wenn wir in einen Bus steigen, tun wir das in dem Vertrauen, dass der Bus uns ans Ziel bringt. Und so weiter. Ohne diese vielen kleinen, selbstverständlichen Glaubensakte könnten wir unseren Alltag gar nicht bestehen.

Das ist übrigens nicht so selbstverständlich, wie es sich vielleicht anhört. Ich habe meinen Zivildienst in einem psychiatrischen Krankenhaus abgeleistet. Ich habe dort mit Menschen gearbeitet, die Psychosen hatten, die also an Wahnvorstellungen litten. Diese Menschen haben tragischerweise häufig Dinge gesehen, die gar nicht da waren. An ihnen konnte ich sehen, wie unsicher eigentlich unsere Wahrnehmungen sein können. Was wir für sicher halten, muss noch lange nicht für alle gelten.

Und trotzdem kommen wir ohne Glaubensakte nicht aus.

Nun könnte man argumentieren: „Nun ja, im Alltag mag das ja so sein, es wäre ja auch schlicht ein Zeitproblem, wenn ich alles, worauf ich angewiesen bin, immer neu hinterfragen würde. Wenn ich ständig die Statik des Raumes, in dem ich mich befinde, überdenken oder ständig die Vertrauenswürdigkeit eines Busfahrers hinterfragen müsste – so viel Zeit habe ich nicht.

Aber wie ist denn das in der Wissenschaft?
Ist es nicht so, dass die Wissenschaft unbestechlich nach Evidenz fragt und ihre eigenen Hypothesen bildet, diese dabei aber immer wieder hinterfragt?
Kommt die Wissenschaft nicht *doch* ohne Glaubensakte aus?"

Aus Sicht der Wissenschaftstheorie selbst lässt sich sagen: Nein.
Auch Wissenschaft, und zwar gerade auch Naturwissenschaft lebt von Voraussetzungen, die sie nicht selbst begründen kann. Gerade die Naturwissenschaft lebt von der Voraussetzung, von der Erwartung, dass es eine natürliche Welt gibt, die sich zu erforschen lohnt. Dass es grundsätzlich möglich ist, der Welt Gesetzmäßigkeiten abzulauschen. Das sage ich ganz offen als jemand, der von Physik relativ wenig Ahnung hat. Ich habe meinen Physikunterricht in der gymnasialen Oberstufe mit einem Referat über Kernkraft bestritten, und zwar über die politischen Fragen rund um das Thema Kernkraft. Daraufhin war mein Physiklehrer der irrigen Ansicht, ich hätte Ahnung von Physik.

Ich habe ihn nie darüber aufgeklärt.

Um es noch einmal deutlich zu machen: Die Naturwissenschaft kommt ohne Voraussetzungen, die meistens völlig unbeachtet im Hintergrund bleiben, nicht aus. Sie lebt von der Erwartung: „Es gibt eine natürliche Welt, die sich zu erforschen lohnt. Unsere Sinneswahrnehmung, unsere Mathematik, unsere Logik, unsere formalen Fähigkeiten sind prinzipiell in der Lage, diese Wirklichkeit zu beschreiben." Ohne diesen selbstverständlichen Glauben an eine erforschbare Realität würden wir heute noch auf dem Niveau von Steinzeitmenschen leben. Deswegen meine erste These: Kein Denken ohne Glauben.

Die zweite These: Kein Glauben ohne Denken
Zumindest kein christlicher Glaube ohne Denken.
Weil wir als Christen glauben, dass Gott uns geschaffen hat – inklusive unseres Verstandes. Er hat uns mit Verstand geschaffen, damit wir ihn benutzen; wir glauben nicht, dass er bei der Erschaffung unseres Verstandes einen Fehler gemacht hat, den er seitdem verzweifelt rückgängig zu machen versucht. Sondern wir glauben, dass es Sinn macht, unseren Verstand zu gebrauchen. Wir tun das in dem Wissen, dass unsere Rationalität nicht immer ganz so rational ist, wie wir meinen. Wir sind immer in irgendeiner Weise geprägt und haben unsere Stimmungen und oft ziemlich unrationalen Gedankengänge. Gerade deswegen glauben wir, dass es Sinn macht, den Verstand zu gebrauchen.

Darf ich mir hier an dieser Stelle eine Empfehlung erlauben?

Ich rate zur Vorsicht, wenn Sie einer religiösen Gruppe begegnen, die allergisch auf jede Art von Kritik reagiert, ob dies nun eine christliche Gruppe ist oder eine andere. Wenn ich auf eine Gruppierung träfe, die sagt: „Bestimmte Dinge *darfst* du nicht hinterfragen", würde mich das sehr unruhig machen, weil ich finde, dass das ein Zeichen von Unsicherheit ist. Wenn man sich seiner Sache sicher ist, braucht man sich vor Kritik nicht zu scheuen. Ablehnung von Kritik erinnert mich dagegen an die bekannte fiktive Betriebsordnung mit den zwei Paragrafen:

„Paragraf eins: Der Chef hat immer recht.
Paragraf zwei: Sollte der Chef wider Erwarten einmal nicht recht haben, tritt automatisch Paragraf eins in Kraft."
Wenn Ihnen so etwas in religiösem Gewand begegnet, suchen Sie das Weite, und finden Sie es!

Für mich selbst heißt das, mich gerne Gesprächen zu stellen, in denen mein Glaube hinterfragt wird.
Das gilt übrigens auch für dieses Buch, das ich als Gesprächsangebot sehe.
Darum steht an seinem Ende auch meine E-Mail-Adresse, und ich freue mich über jede Rückfrage per Mail ...

... solange sie nicht mit Werbung für schnell wirkende Diätmittel verbunden ist (so was kriege ich nämlich seit einigen Wochen ständig und frage mich, ob mir irgendjemand etwas damit sagen möchte).

Nachfragen sind also erwünscht, denn gute Gründe für den Glauben gibt es.
Nicht Beweise – christlicher Glaube lässt sich nicht beweisen.
Das hat schlicht damit zu tun, dass ein Beweis ein Zwang wäre.
Ein Beweis ist eine rationale Art von Zwang. Wer beansprucht, einen Beweis geführt zu haben, sagt damit immer auch: „Jeder rationale Mensch wird mir zustimmen, und wenn er mir nicht zustimmt, hat er damit gezeigt, dass er gar nicht rational ist."

Aber Glaube hat nichts mit Zwang zu tun, sondern Glaube ist Vertrauen.
Deshalb gibt es keine Beweise im strengen Sinne.
Es gibt allerdings sehr gute Gründe, und deswegen ist das Vertrauen, um das es beim Glauben geht, kein blindes Vertrauen, bei dem ich einfach bestimmte Dinge ausblende, sondern ein sehendes Vertrauen. Ich schaue mir an, was dafürspricht und was dagegenspricht, und dann fälle ich eine Entscheidung.
Das ist ein begründetes, ein sehendes Vertrauen.

„Tut mir leid", sagen Sie jetzt vielleicht, „ich bin nach wie vor skeptisch. Immerhin geht es ja um Gott. Es geht nicht um bloße Theorie, eine Meinung über eine Nebensache oder um eine Geschmacksrichtung, sondern es geht um die Frage nach Gott. Und diese Frage hat eine große Tragweite. Daher bin ich skeptisch."

Wie gesagt, wenn das bei Ihnen der Fall ist, ist das mehr als erwünscht.
Ich würde allerdings zwischen zwei Arten von Skepsis unterscheiden wollen: zwischen dem, was ich gesunde Skepsis nenne, und dem, was ich Profi-Skepsis nenne.

Gesunde Skepsis bleibt zwar auf Distanz, hört sich aber zumindest an, was an Gedanken und Argumenten vorgebracht wird, und prüft dann möglichst vorurteilsfrei.[11]

Professionelle Skepsis dagegen ist eine Skepsis, die sich auch durch die besten Gründe nicht erweichen lässt.
Das ist die Skepsis eines Mannes, von dem ich mal gehört habe (wie man so sagt), der der festen Überzeugung war, er sei tot. (Tut mir leid, so geht die Geschichte.) Viele Ärzte konnten ihm das nicht ausreden. Bis er irgendwann zu einem Arzt kam, der die Geduld verlor und zu ihm sagte: „Sie glauben also, Sie sind tot. Ich mache Ihnen einen Vorschlag. Ich lese Ihnen jetzt einen Satz aus einem medizinischen Lehrbuch vor, und Sie sagen mir, ob Sie glauben, dass der Satz stimmt. Okay?" Der Mann sagt: „Okay." Der Arzt liest vor: „Tote Menschen bluten nicht. Glauben Sie, dass das stimmt?" Der Mann sagt: „Das steht in einem medizinischen Lehrbuch. Das wird schon stimmen." „Gut", sagt der Arzt, „Ärmel hoch." Der Mann krempelt die Ärmel hoch, der Arzt holt eine große Spritze und sticht dem Mann in den

Unterarm. Ein dicker Blutstropfen rollt ihm über den Arm und der Mann ruft ganz begeistert: „Ein Wunder! Tote Menschen bluten doch!"

Das ist der Unterschied zwischen gesunder und professioneller Skepsis. Zum Teil ist solche professionelle Skepsis nämlich nicht so sehr durch logische Argumente begründet, sondern gesellschaftlich bedingt. An dieser Stelle erlaube ich mir ein religionswissenschaftliches Fremdwort.
Der Religionssoziologe Peter Berger spricht von der sogenannten Plausibilitätsstruktur.
Er meint damit: In jeder Gesellschaft, jeder Kultur gibt es Dinge, die unhinterfragt als plausibel gelten, und andere Dinge, die unhinterfragt als nicht so sehr plausibel gelten. Und die Menschen, die das Letztere vertreten, stehen dabei ständig unter einem Rechtfertigungsdruck.

Mein Eindruck ist, dass das zum Beispiel für einen beherzt vorgetragenen christlichen Glaubensstandpunkt in der Gesellschaft der Bundesrepublik Deutschland im beginnenden 21. Jahrhundert gilt. Wenn man hier einen engagiert christlichen Standpunkt vorträgt, steht man meist schnell unter Rechtfertigungsdruck. In anderen Kulturen ist das ganz anders, etwa in Teilen von Lateinamerika oder Äquatorialafrika. In unserer Kultur aber ist das so. Und ich wage zu behaupten, dass das nicht nur an möglicherweise nicht ausreichenden Argumenten liegt, sondern dass das auch am gesellschaftlichen Klima liegt.

Immer noch oder schon wieder ist es eine gesellschaftliche Übereinkunft, dass Religion schlichtweg Privatsache ist. Jeder, der sich „outet", ein Christ zu sein, wird in vielen Kreisen als peinlich empfunden. Warum auch immer das so ist – ich lade dazu ein, für sich selbst zu prüfen, ob Glaube plausibel ist oder nicht.

Ich kann ihn zwar nicht beweisen, wie gesagt, aber ich kann ihn durchaus begründen.

Was sind also meine Gründe für den Glauben?

Ich beginne mit einer Behauptung, die vielleicht überraschend ist:

Ich kann von mir aus nichts über Gott sagen.

Das ist deswegen vielleicht überraschend, weil ich in den bisherigen Kapiteln ja immerhin so einiges über Gott gesagt habe. Aber eins nach dem andern. Ich kann von mir aus nichts über Gott sagen. Wie sollte ich das auch machen?

Wenn es wirklich so etwas gibt wie G-O-T-T, also eine Wirklichkeit, die dafür verantwortlich ist, dass es diese Wirklichkeit gibt –

Milchstraßen,

Galaxien,

Planeten,

Sonnensysteme,

Erde,

Europa,

Deutschland,

den Ort, an dem wir wohnen,
den Raum, in dem wir uns befinden,
und uns in dem Raum –
wie sollen dann *wir*, von innerhalb dieser Wirklichkeit,
aus dem Raum, in dem wir uns befinden, heraus, mit
unseren grauen Zellen, irgendetwas Verlässliches über
diese andere Wirklichkeit aussagen?
Wie sollen wir das machen?
Wir können vielleicht spekulieren, wir können aber
jedenfalls nichts Verlässliches sagen, können eigentlich,
wenn wir ganz ehrlich sind, nur schweigen.

„Gut", werden Sie jetzt vielleicht sagen, „dann ist hiermit
dieses Buch und das Gespräch über den Glauben an dieser Stelle beendet." Und ich als Theologe wäre arbeitslos.

Es sei denn – es sei denn, Gott sagt etwas über sich
selbst. Gott teilt sich mit. Ich versuche, das noch mal mit
einem einfachen Bild zu beschreiben. Man könnte kaum
etwas über mich sagen, wenn ich mich nicht mitteilte.
(Man beachte den Konjunktiv: mitteilte. Ich bin ein
großer Freund des Konjunktivs.)
Man könnte zwar spekulieren und sagen: „Das ist ein
Mensch, er hört sich jedenfalls so an." Nun sind wir
Menschen auf der gleichen Wirklichkeitsebene. Bei Gott,
wenn es ihn gibt, ist das völlig anders. Wenn es ihn gibt,
befindet er sich auf einer völlig anderen Wirklichkeitsebene als wir, also können wir nichts über ihn sagen, es
sei denn, er teilt sich uns mit.

Und nun sagt der christliche Glaube: Genau das hat Gott getan.

Gott hat sich mitgeteilt

Gott hat an einer Stelle in der Geschichte der Menschheit den Schleier des Nichtwissens zerrissen und gesagt:

„Ihr spekuliert darüber, wer ich bin – ich zeige euch, wer ich bin."

Christen glauben, er hat sich mitgeteilt, er hat seinen Charakter gezeigt, sein Wesen, sein Herz. Nicht in einer Ideologie, schon gar nicht in einer Institution und übrigens auch nicht in erster Linie in einem Buch. Sondern in erster Linie in einer Person.
In der Person Jesus Christus.

Ich erwarte gar nicht, dass man das glaubt, nur weil ich davon schreibe, ich will es nur erst einmal vorstellen. Christen glauben, Gott hat sich gezeigt, er hat gesagt: *„Hiermit beende ich alle Spekulationen darüber, wer ich bin und wie ich bin. So bin ich. So wie dieser jüdische Wanderprediger aus dem ersten Jahrhundert eurer Zeitrechnung, so wie dieser Jesus von Nazareth. Wenn ihr wissen wollt, was das heißt, Gottes Liebe, schaut euch an, wie Jesus mit Menschen umgeht. Wenn ihr wissen wollt, was das heißt, Gottes Gerechtigkeit, hört euch an, was Jesus sagt. Wenn ihr wissen wollt, womit ihr es zu tun habt, wenn ihr es mit Gott zu tun habt, setzt euch mit diesem Jesus auseinander."*

Das ist das, was wir Christen glauben, deshalb reden wir immer von Jesus. Weil Jesus sozusagen unsere erkenntnistheoretische Grundlage dafür ist, überhaupt etwas Zutreffendes über Gott zu sagen.

„Okay", fragen Sie jetzt vielleicht, „aber warum sollte ich *das* nun glauben? Du hast deinen Glauben zwar vorgestellt, aber einen Grund hast du damit noch nicht gegeben. Warum sollte ich glauben, dass Gott sich in Jesus mitteilt?"
Wieder – eine vollkommen berechtigte Frage. Meine Antwort lautet:

Weil Jesus genau das von sich behauptet – und ich ihm glaube.

Das möchte ich erläutern.
Schauen wir uns an, wie Jesus im Neuen Testament beschrieben wird – und auch hier erwarte ich gar nicht, dass Sie das alles einfach für bare Münze nehmen. Vielleicht glauben Sie, dass nur ein ganz kleiner Bestandteil dessen, was da berichtet wird, historisch glaubhaft ist. Ich selbst habe hier ein sehr großes Zutrauen. Ich glaube, dass das Neue Testament insgesamt historisch sehr glaubwürdig ist. Und auch dafür habe ich Gründe. Für das Argument, das ich jetzt anführen möchte, reicht es allerdings, wenn Sie vielleicht nur einen ganz kleinen Bestandteil des Neuen Testaments als historisch gesichert annehmen.

Wenn man sich nämlich anschaut, was Jesus im Neuen Testament tut und sagt, dann wird man mit einem Menschen konfrontiert, der in dem, was er sagt, und in dem, was er tut, einen ungeheuerlichen Anspruch äußert. Nämlich den Anspruch:

„Ich stehe hier an Gottes Stelle."

Das Spannende ist, dass Jesus das als gläubiger Jude sagt. Als solcher ist er zutiefst davon überzeugt, dass Gott ewig ist, Ehrfurcht gebietend und heilig, und dass man nur sehr zögerlich und vorsichtig überhaupt von ihm sprechen darf. Wenn also ein gläubiger Jude so etwas von sich behauptet, ist das ein starkes Stück.

Jesus äußert seinen Anspruch in einigen steilen Sätzen, die sich vor allem im Johannesevangelium finden. Dort sagt er zum Beispiel einen Satz wie:

„Ich bin die Wahrheit."

Er sagt nicht einfach nur: „Ich kenne die Wahrheit", das wäre schon relativ anspruchsvoll, er sagt:

„Ich bin die Wahrheit – ich bin der Weg, die Wahrheit und das Leben, niemand kommt zu Gott, dem Vater, außer durch mich."

Oder er sagt an einer anderen Stelle:

„Wer mich sieht, sieht Gott, den Vater."

Oder er sagt, noch an einer anderen Stelle:

„Ich und Gott, der Vater, wir sind eins."

„Schön und gut", könnte man nun einwenden, „aber diese Sätze stammen bisher alle aus dem Johannesevangelium, und ich habe mal gehört, dass das zumindest nicht das älteste Evangelium ist. Wer weiß, ob es historisch zuverlässig ist."

Der Anspruch von Jesus findet sich allerdings auch im Rest des Neuen Testamentes. Er wird ganz besonders deutlich in dem, was Jesus *tut*.

Denn etwas, das sich wirklich in allen Schichten historischer Überlieferungen findet, ist der Anspruch von Jesus, Sünden vergeben zu können. Er sagt zu wildfremden Menschen, die er noch nie vorher getroffen hat: „Deine Sünden sind dir vergeben." Das ist nach alttestamentlicher Auffassung, also nach Auffassung der hebräischen Bibel, ein Privileg Gottes. Nur Gott allein darf Sünden vergeben.

Denn was tut Jesus, wenn er den Anspruch erhebt, Sünden zu vergeben?

Ich möchte das an einem Bild veranschaulichen. Dieses Bild ist ein bisschen simpel, aber ich finde es ganz hilfreich.

Stellen wir uns drei Personen vor: A, B und C. Stellen wir uns vor, A tritt B auf den Fuß. Daraufhin ist B ein wenig ungehalten. Stellen wir uns jetzt vor, C betritt den Raum und sagt zu A: „Ich vergebe dir." Daraufhin würde B sagen: „Moment mal, wenn hier überhaupt jemand vergibt, dann ja wohl ich." Wenn also Jesus zu einem wildfremden Menschen sagt: „Deine Schuld ist dir vergeben. Ich vergebe dir", dann beansprucht er damit zugleich: „Alles das, was in deinem Leben schiefgelaufen ist, hat zugleich mich betroffen. Ich selbst leide darunter. Weil ich möchte, dass dein Leben gelingt." Jesus stellt sich damit an die Stelle Gottes. Das hat ihm auch genau das eingetragen, was theologisch unausweichlich kommen musste, nämlich den Vorwurf der Gotteslästerung.

Das heißt, ein sehr verbreitetes Bild von Jesus, das heute immer noch durch viele populärwissenschaftlichen Veröffentlichungen geistert, lässt sich eigentlich nicht halten, nämlich die Vorstellung:
„Jesus war sicher ein vorbildlicher Mensch, ein großer ethischer Lehrer. Aber den ganzen dogmatischen Rest, er sei der Sohn Gottes, diesen Ballast müssen wir abwerfen."
So einfach macht es uns Jesus nicht, wenn er durch sein Reden und Handeln einen so gewaltigen Anspruch äußert.
Dann ist er nämlich entweder viel mehr oder viel weniger als ein vorbildlicher Mensch.

Ich sehe nämlich, wenn er diesen Anspruch äußert, logisch nur drei Möglichkeiten.[12]
- Entweder es stimmt nicht, was er sagt. Und er *weiß*, dass es nicht stimmt. Dann hat er gelogen.
- Oder es stimmt nicht, was er sagt. Und er weiß *nicht*, dass es nicht stimmt. Dann hat er ein Problem.
- Oder es stimmt.
Ich sehe keine weitere Alternative. Entweder es stimmt nicht, dann hat er die Menschen bewusst getäuscht, dann ist er sehr viel weniger als ein vorbildlicher ethi-

scher Lehrer. Oder aber es stimmt nicht, und ebendas
ist ihm selber nicht klar, dann hat er sich selbst fürchterlich getäuscht. Dann hat er so etwas Ähnliches wie eine
religiöse Neurose.

Oder: Es stimmt. Dann stimmt auch alles, was er von
sich sagt und was er über Gott sagt. Und dann wird an
dieser Stelle die Frage nach Gott und nach Gründen für
den Glauben zur Vertrauensfrage.
Sie wird zu der Frage:
Was mache ich mit dieser Gestalt?
Halte ich sie für vertrauenswürdig oder für das krasse
Gegenteil davon?

Wenn Ihnen das noch nicht sehr einleuchtend vor-
kommt, dann nehmen Sie sich doch einmal das Neue
Testament vor und lesen selber einmal eine der Lebens-
beschreibungen von Jesus. Selbst wenn Sie zunächst
davon ausgehen würden, dass nur fünf Prozent historisch glaubhaft sein können – schon diese fünf Prozent
reichen, um die Frage zu stellen:
Macht dieser Jesus den Eindruck, ein Lügner oder ein
Geisteskranker zu sein?
Oder macht er den Eindruck, dass er glaubwürdig ist?

In dieser Alternative steckt für mich ein starkes Argument für den Glauben. Es ist ein altes Argument, das
sich schon bei dem großen christlichen Schriftsteller
C. S. Lewis findet, und ich halte es bis heute für überzeugend. Ich glaube, dass Gott sich in Jesus zeigt, weil

Jesus es sagt und seine ganze Person im Reden und Handeln glaubwürdig ist.

Vielleicht müssen Sie sich an diese Gedankengänge erst einmal gewöhnen. Dafür haben Sie mein volles Verständnis.

Da liegt ein Mann auf dem Rücken, blickt nach oben und sieht über sich den offenen Himmel. Es ist mitten am Tag, es ist heiß und staubig. Der Mann bewegt ein bisschen den Kopf hin und her. Er kann nicht mehr bewegen als den Kopf, er ist gelähmt. Er liegt auf dem Rücken, sieht nach oben und sieht über sich den offenen Himmel und die verschwitzten Oberkörper von vier Männern, die ihn tragen. Der Mann denkt nach. Er denkt: „Versuch's doch mal!", haben sie gesagt. „Du hast nichts zu verlieren." Als ob er das nicht so oft schon beherzigt hätte. Und sich zu irgendwelchen Leuten hat schleppen lassen, mit ihren windigen Versprechungen, Quacksalber. Aber, denkt er sich, seine Freunde haben ja recht, er hat keine Wahl.[13]

Die Träger halten auf einmal an. Der Mann spürt, obwohl er auf dem Rücken liegt, dass eine große Menschenmenge in der Nähe ist. Eine große Menge von Menschen kann man spüren, auch wenn niemand etwas sagt. Und diese Menschen schweigen. Sie drängen und schieben sich um die Fenster- und Türöffnungen eines Hauses. Sie hören einem Mann zu, der in der Mitte des Hauses steht und spricht. Der Mann auf der Trage hört ein paar Worte und denkt: „Das stimmt ja wirklich, was die Leute von Jesus sagen. Dass der von Gott erzählt – das machen viele, es ist eine religiös aufgeladene Stimmung – aber bei diesem Jesus ist das irgendwie anders. Er klingt so selbstverständlich in dem, was er sagt. Er scheint ganz genau zu wissen, wovon er spricht."

Die ihn hergetragen haben, beratschlagen. Durch diese Menschenmenge ist kein Durchkommen, also gehen sie auf die Rückseite des Hauses. So ein Landhaus im Palästina des ersten Jahrhunderts, das hat meistens nur ein Stockwerk und ist gebaut aus Holz, Lehm und Stroh. Die vier Träger schieben die Trage oben auf das Flachdach hinauf, klettern hinterher, und als sie oben angekommen sind, fangen sie an, diese Lehm- und Strohballen von dem Flachdach abzudecken. Das Sonnenlicht fällt in das Haus hinein, die Leute unten schauen nach oben und fragen sich, wo denn auf einmal die Sonne herkommt. Jesus hat aufgehört zu reden, blickt auch nach oben. Da lassen die Träger die Trage mit dem Gelähmten an zwei Seilen herunter, ganz langsam, und der Mann auf der Trage denkt sich: „In Ordnung, guckt mich nur alle an, kein Problem. Peinlicher als jetzt kann es nicht mehr werden."

Und Jesus, das stelle ich mir vor (denn das steht so nicht im Neuen Testament) – Jesus schmunzelt. Geht auf den Mann auf der Trage zu – und das steht jetzt wieder im Neuen Testament – und sagt:
„Mensch, deine Sünden sind dir vergeben."

Und der Mann auf der Trage denkt: „Ähem, wieso denn meine Sünden? Entschuldigung, darum geht es doch gar nicht. Ich bin gelähmt, ich weiß nicht, ob dir das schon aufgefallen ist." – „Mensch, deine Sünden sind dir vergeben", sagt Jesus.

Schon meldet sich die theologisch korrekte Fraktion, die Pharisäer und Schriftgelehrten, die auch in dem Haus anwesend sind, und sie flüstern hinter vorgehaltener Hand: „Moment mal! Was der da sagt, das geht nicht. Niemand kann Sünden vergeben als Gott allein. Das ist Gotteslästerung, was der da macht." Jesus schmunzelt wieder, guckt die theologisch korrekte Fraktion an und sagt:
„In Ordnung, was ist denn leichter, eurer Ansicht nach? Zu diesem Menschen zu sagen: ‚Mensch, deine Sünden sind dir vergeben.'? Oder zu ihm zu sagen: ‚Steh auf, nimm deine Trage und geh nach Hause.'?"
Alle schweigen. Jesus sagt zu dem Mann:
„Steh auf, nimm deine Trage und geh nach Hause."
Und der Mann steht auf, schwingt seine Beine von der Trage, guckt sich um, wie benommen, guckt Jesus an, nimmt seine Trage und geht nach Hause.

Die Pointe der Geschichte ist gar nicht so sehr das Heilungswunder.
Sondern die Pointe ist der Anspruch von Jesus, der in dieser Geschichte zum Ausdruck kommt.
Was wäre, wenn er recht hat? Das ist die Frage, die sich stellt. Hat er recht oder hat er nicht recht? Und wenn

er nicht recht hat, dann gibt es, wie gesagt, nur diese beiden Alternativen:
Lügner oder Verrückter.

Vielleicht fragen Sie sich jetzt:
„Und wenn ich das glaube, was heißt das dann für mich? Wenn ich anfange, Jesus Christus zu glauben? Werde ich mich dann auch in einen dieser Menschen verwandeln, die ein bisschen langweilig, ja uniformiert wirken, die nur bestimmte Musik hören und bestimmtes Schuhwerk tragen?"

Ganz im Ernst: Auch Christen haben gute Gründe, trotzdem und weiterhin offenzubleiben für kritische Anfragen. Auch und gerade dann, wenn man an Jesus glaubt, stellt man damit nicht sein kritisches Denken ab, sondern man ist weiterhin erst recht in der Lage, mit kritischen Anfragen umzugehen.

Ein Christ braucht vor der Wahrheit keine Angst zu haben, denn er weiß, dass sie einen Namen hat.

Mir ist dieser letzte Gedanke sehr wichtig – aus einem ganz altmodischen Grund, der auch überhaupt nicht postmodern ist, nämlich, weil es mir um die Wahrheit geht.
Mir geht es darum, an etwas zu glauben, das tatsächlich wahr ist, und gerade deswegen möchte ich offen sein für jede prüfende Nachfrage. Wer sich seiner Sache gewiss ist, kann es sich leisten, sich hinterfragen zu lassen.

Deswegen gehört es für mich eng zusammen, dass, wenn man sich auf diesen Glauben einlässt, man offenbleibt für neugierige und kritische Rückfragen.

Das war übrigens meine Motivation, Theologie zu studieren. Es ist schon ein paar Jahre her, als ich im Alter von etwa fünfzehn Jahren zu einem bewussten Glauben gekommen bin. Damals habe ich versucht, mit meinen Mitschülern darüber ins Gespräch zu kommen und die haben zu mir gesagt: „Na, du wirst doch bestimmt mal Pfarrer." Und ich habe gesagt: „Nein, man muss kein Berufschrist werden, um Christ zu sein, man kann auch was Normales machen!" Ich habe aber bald darauf festgestellt, dass ich Theologie studieren möchte – unbedingt, weil ich alles wissen wollte, was es in diesem Bereich zu wissen gibt, auch was es an gehaltvoller Kritik am Glauben gibt.

Ich wollte wissen, was es zu wissen gibt – in dem Wissen, dass das Wissen nicht alles ist. Natürlich geht es beim Glauben nicht nur um unseren Kopf. Aber es geht eben auch um den Kopf.
Deswegen freue ich mich, wenn Sie bis hierhin mitgedacht haben – und vielleicht ist Ihnen aufgefallen, was aus meiner Sicht die wichtigste Frage ist:

Was halten Sie von Jesus Christus?
Ist er für Sie glaubwürdig oder nicht?

Die Antwort auf diese Frage kann ich Ihnen nicht abnehmen.

Die Wahrheit gepachtet?

Über Wahrheit und Toleranz

In einer Stadt liegen zwei Gruppen miteinander im Streit. Also gehen sie zum Bürgermeister, der zwischen ihnen vermitteln soll. Zuerst kommt der Vertreter der ersten Gruppe und sagt: „Der Sachverhalt ist so und so." Darauf sagt der Bürgermeister: „Sie haben ganz recht." Dann kommt der Vertreter der zweiten Gruppe und erklärt genau das Gegenteil: „Der Sachverhalt ist in Wirklichkeit ganz anders, nämlich so und so." Der Bürgermeister sagt wieder: „Sie haben ganz recht." Dann kommt der Berater des Bürgermeisters zu ihm und sagt: „Aber entschuldigen Sie, das ist doch nicht logisch! Erst behauptet die eine Gruppe das eine, und dann behauptet die andere Gruppe das genaue Gegenteil, und Sie sagen beide Male: ‚Sie haben ganz recht.' Das ist doch gar nicht möglich." Der Bürgermeister erwidert: „Sie haben ganz recht."

Was sich gegenseitig ausschließt, kann nicht gleichzeitig wahr sein. So sind wir es üblicherweise gewohnt. Nur im Bereich der Religion wird dies vielfach anders gesehen. Da gibt es eine ganze Reihe von Menschen, die sagen:

„Warum kann man nicht mehrere Wahrheiten nebeneinander bestehen lassen? Auch, wenn sie sich unterscheiden oder sogar gegenseitig auszuschließen scheinen.

Warum kann man nicht einfach sagen, hier gibt es eben
mehrere Wahrheiten?

Im Alltag mag das zwar nicht möglich sein, aber warum
denn nicht im Bereich der Religionen?"

Weltanschaulicher und gesellschaftlicher Pluralismus
Man nennt diese Auffassung, dass es mehrere Wahrheiten geben kann, weltanschaulichen Pluralismus.

Ich möchte ihn allerdings strikt unterscheiden von ge-
sellschaftlichem Pluralismus und dabei gleich zu Beginn
eines klarstellen:

Gesellschaftlichen Pluralismus halte ich für eine selbst-
verständliche und wünschenswerte Sache.

Gesellschaftlicher Pluralismus besagt nämlich:

„Wir leben in einer Gesellschaft, in der Menschen unterschiedlichste Auffassungen und Weltanschauungen
haben und unterschiedlichsten Religionen oder auch gar
keiner Religion anhängen. Wir müssen als Mitglieder
dieser Gesellschaft daran interessiert sein, dass alle gut
miteinander auskommen. Jeder sollte gut damit leben

können, dass nebenan jemand wohnt, der etwas völlig anderes glaubt, und ihm dementsprechend mit Respekt begegnen. Zu den Grundlagen unserer Zivilisation gehört es nun mal, dass wir die Freiheit des anderen achten."

Das halte ich für selbstverständlich.
Gerade als Christ trete ich für eine Gesellschaft ein, in der negative und positive Religionsfreiheit herrscht, das heißt, in der niemand etwas glauben muss, aber jeder alles glauben darf, solange er dem anderen damit nicht schadet.
In der jeder auch seinen Glauben ausüben darf, sogar für seinen Glauben werben darf.
In der auch Angehörige anderer Religionen versuchen dürfen, mich zu überzeugen.
Solange sie das mit friedlichen Mitteln tun, ist das völlig in Ordnung.
Für eine solche Gesellschaft, in der unterschiedlichste Auffassungen friedlich koexistieren, lohnt es sich, mit aller Entschiedenheit einzutreten.

Wenn ich nun von weltanschaulichem Pluralismus spreche, meine ich eine Auffassung, die noch weiter geht. Nämlich die Auffassung, dass es nicht ausreicht, auf der Beziehungsebene gut miteinander umzugehen, sondern dass man auch die *Wahrheits*ansprüche von Menschen gleichberechtigt nebeneinander stehen lassen sollte.

Weltanschaulicher Pluralismus sagt also:
„Vielleicht sollten wir von der Gleich-Geltung unterschiedlicher Wahrheitsansprüche ausgehen. Das würde uns viel fruchtlosen Streit ersparen."

Jetzt könnte man es sich zwar leicht machen und mit einem unter Christen beliebten Wortspiel antworten: „Wenn alles gleich gültig ist, ist dann nicht alles gleichgültig?" Das wäre mir aber zu simpel. Denn damit ist ja noch nichts geklärt.

Stattdessen möchte ich mir anschauen, wie weltanschaulicher Pluralismus begründet wird. Wie kommen Menschen darauf, dass man im Bereich der Weltanschauungen und Religionen zum Teil völlig unterschiedliche Auffassungen einfach gleichberechtigt nebeneinander stehen lassen kann?
Ich möchte mir mögliche Gründe für diese Auffassung anschauen.
Ich möchte zeigen, inwieweit man diese Begründungen nachvollziehen kann – und dann deutlich machen, wo sie nicht überzeugend sind.

„Ist das nicht intolerant?"
Das ist die erste Begründung für weltanschaulichen Pluralismus, die mir begegnet. Sie besagt:
„Wenn man einen allgemeinen Wahrheitsanspruch erhebt, als Vertreter einer ganz bestimmten Weltanschauung, und wenn damit zugleich sagt, etwas anderes sei unwahr – ist man dann nicht automatisch intolerant?"

Zunächst einmal kann ich diese Sorge verstehen – denn gerade Menschen, die allzu gerne und intensiv von der Wahrheit reden, sind ja leider manchmal in ihrer Sturheit etwas abschreckend. „Ich vertrete die Wahrheit!" – wer Sätze wie diesen allzu laut heraustrompetet, erregt bei den meisten Zeitgenossen höchstens Argwohn. Schließlich drängt sich hier die Frage auf:
Wie kommt es eigentlich, dass so viele Kriege von Menschen und Gruppen ausgefochten wurden, die eine bestimmte Wahrheit auf ihre Fahnen geschrieben hatten?

Gerade weil dieser Punkt so wichtig ist, möchte ich allerdings eine noch grundlegendere Frage stellen:

Was ist denn eigentlich Toleranz?
Was bedeutet es, ein Verhalten als „tolerant" oder „intolerant" zu bezeichnen?

Ich möchte gewissermaßen zuerst unseren mentalen Schreibtisch aufräumen, indem ich das Wort „Toleranz" definiere.
Nun habe ich mal gehört, dass ein aufgeräumter Schreibtisch ein Zeichen von Unsicherheit sei. Aber ich glaube, bei unseren Begriffen ist das nicht so. Wir tun gut daran, uns darüber klar zu werden, was wir eigentlich mit einem bestimmten Wort meinen und was nicht.
Ich glaube, das Wort „Toleranz" ist eines der am meisten missverstandenen Worte in unserer gegenwärtigen Debatte. Deswegen brauchen wir hier zunächst eine Klärung.

„Toleranz" lässt sich herleiten von dem lateinischen Wort „tolerare", das heißt „erdulden, aushalten".

Toleranz ist klassischerweise die Auffassung: „Ich habe einen Wahrheitsanspruch, und der kann sehr entschieden und sehr überzeugt sein – aber ich kann es aushalten, dass jemand anderes einen anderen Wahrheitsanspruch hat. Ich begegne ihm mit Respekt und Wertschätzung, selbst wenn ich das, was er glaubt, für falsch halte."

Toleranz meint also die Beziehungsebene und nicht die Inhaltsebene.

Das wird ganz oft verwechselt.
Toleranz heißt nicht, dass ich meine Überzeugung relativiere, nach dem Motto: „Ich glaube das zwar, aber vielleicht stimmt es auch gar nicht."
Toleranz heißt stattdessen, dass ich sogar sagen kann: „Ich glaube, es ist so, ich bin davon überzeugt, ich engagiere mich dafür; ja, ich setze mein ganzes Leben für diese Überzeugung ein. Aber ich kann es aushalten, dass jemand anderes etwas anderes glaubt, auch wenn er dies genauso leidenschaftlich tut wie ich."

Ein Kronzeuge für dieses Verständnis von Toleranz ist der französische Aufklärer Voltaire. Voltaire soll einmal zu einem seiner politischen Widersacher gesagt haben:

„Ihre Meinung ist mir widerwärtig, aber ich würde mein Leben dafür geben, dass Sie sie äußern können."

Nun würde ich mich niemals so drastisch ausdrücken. Ich würde höchstens sagen:
„Bei allem Respekt, ich teile deine Meinung nicht. Ich glaube sogar, du hast an einem Punkt unrecht. Aber ich werde alles dafür tun, dass du deine Meinung äußern kannst. Und ich werde dir jederzeit mit Respekt und mit Wertschätzung begegnen."

Rosa Luxemburg hat den berühmten Satz gesagt:

„Freiheit ist immer die Freiheit des Andersdenkenden."

Das ist Toleranz. Solche Toleranz steht, wie gesagt, nicht im Widerspruch zu einem Wahrheitsanspruch. Man kann in dieser Weise tolerant sein und trotzdem und zugleich ganz entschiedene Wahrheitsansprüche erheben. Man kann sogar für das werben, was man für die Wahrheit hält. Solange man anderen Menschen friedlich und mit Respekt begegnet, sie mit den Mitteln des Arguments zu überzeugen versucht, ist das völlig in Ordnung.

Ich betone das deswegen so sehr, weil mir an dieser Stelle immer wieder Missverständnisse begegnen. Toleranz wird mit Indifferenz, mit Gleichgültigkeit verwechselt. Also damit, dass Menschen sagen:
„Lass uns einfach nicht mehr darüber streiten."

Das ist aber noch keine Toleranz.
Toleranz ist etwas sehr viel Anspruchsvolleres.

Ich habe einmal vor einigen Jahren über ein verwandtes
Thema gesprochen und Gründe angeführt, warum ich
den christlichen Glauben für plausibel halte. Hinterher
kam jemand auf mich zu und sagte: „Was du da gerade
so alles erzählt hast vom christlichen Glauben – glaubst
du denn wirklich, dass das wahr ist – oder bist du da
eher tolerant?" Ich fühlte mich so richtig verstanden ...
Für mich ist hier also kein Widerspruch.
Ich bin überzeugt, dass mein Glaube wahr ist, und ich
bemühe mich darum, jedem Menschen mit Toleranz zu
begegnen.

Im Neuen Testament finden wir nämlich beides.
Wir finden einen ganz starken, steilen Wahrheitsanspruch ...
... und die Herausforderung zu entschiedener Toleranz.

Im Neuen Testament sagt Jesus von sich selbst ja den
Satz:

*„Ich bin der Weg, die Wahrheit und das Leben. Niemand
kommt zu Gott, dem Vater, außer durch mich."*

Und im selben Neuen Testament finden wir die Aufforderung von Jesus, jedem Menschen mit Liebe zu
begegnen.

Liebe – das ist noch sehr viel mehr als nur Toleranz.
Bei Liebe geht es ja nicht nur darum, Menschen „auszu-
halten", es geht darum, ihnen aktiv mit Zuwendung zu
begegnen. Menschen zu unterstützen, ihnen zu helfen,
ihnen das Beste zu wünschen, alles für sie zu tun – sogar
wenn sie uns feindselig begegnen.
Das ist eine der steilsten Aufforderungen im Neuen
Testament:
*„Liebt eure Feinde. Selbst die Menschen, die euch ans
Leben wollen. Begegnet ihnen mit Liebe, und helft ihnen,
wo ihr nur könnt."*

Beides geht also zusammen: ein unbedingter Wahrheitsanspruch und die Aufforderung zur Toleranz, ja, Liebe.

Deswegen halte ich es für zulässig, aktiv für die eigene
Überzeugung zu werben. In dem Wissen, dass so etwas
wie Glaube sowieso nur durch friedliches Werben zustande kommt. Alles andere würde auch gar nicht funktionieren. Man kann Glauben nicht erzwingen. Ich weiß,
dass das im Laufe der Geschichte öfter versucht wurde.
Das ist immer fürchterlich schiefgelaufen.

Man kann Glauben nicht erzwingen, weil Glaube Vertrauen ist, und Vertrauen ist eine zarte Pflanze.

Vertrauen wächst nur da, wo mir jemand oder etwas als
vertrauenswürdig begegnet. Vertrauen kann ich nicht
erzwingen, genauso, wie ich zu vielen anderen Dingen,
die sich nur spontan entwickeln können, niemanden

zwingen kann. Ich kann niemanden zwingen, mich zu lieben. Ziemlich seltsam, wenn ein Ehepartner zum anderen sagen würde: „Ich möchte, dass du mir Blumen mitbringst und dass du es gefälligst spontan tust." Das geht nicht. Ich kann niemanden mit Druck dazu bringen, etwas spontan zu tun.

Beim Glauben ist es genauso. Ich kann niemanden dazu bringen zu glauben. Ich kann werben, ich kann erzählen, ich kann davon schwärmen, wie sehr mich der Glaube begeistert.

Aber was der andere damit macht, das ist ganz und gar seine Sache.

Meine Überzeugung ist: Wir brauchen solche echte Toleranz.

Wir brauchen gerade in dieser schwierigen Gemengelage zu Beginn des 21. Jahrhunderts eine Toleranz, die aushält, dass andere Menschen wirklich und ehrlich etwas anderes glauben, und die bewirkt, dass wir diesen anderen Menschen trotzdem oder gerade deswegen mit Respekt begegnen.

Ich habe vor einigen Jahren an einer Fachhochschule im Ruhrgebiet über ein ähnliches Thema gesprochen und bin im Nachhinein mit einem jungen Muslim ins Gespräch gekommen. Es war ein sehr angenehmes Gespräch, mit einem sehr höflichen, gebildeten jungen Mann. Wir haben uns über Glaubensfragen unterhalten, und weil das Gespräch so intensiv war, haben wir dann unsere E-Mail-Adressen ausgetauscht und die Diskussion nachher per E-Mail fortgesetzt. Es war völlig klar: Er wollte mich überzeugen und ich wollte ihn überzeugen. Er kannte sich sehr gut aus mit dem christlichen Glauben. Er hat immer wieder gefragt: „Wie ist denn dieses oder jenes gemeint?" Ich habe versucht, es zu erklären, und er war für meine Erläuterungen immer ganz offen. Er hat mir den Frieden seines Gottes gewünscht, ich habe immer geschrieben: „Gott segne dich."

Ich möchte behaupten, dass wir beide uns im Laufe dieser monatelangen E-Mail-Diskussion – irgendwann ist sie dann verebbt – auch menschlich nähergekommen sind und uns gegenseitig schätzen gelernt haben. Ohne etwas an unseren zentralen Überzeugungen zu verändern. Natürlich haben wir beide viel gelernt, haben immer mehr Verständnis füreinander entwickelt, weil wir einander besser kennenlernen konnten. Aber unsere Kernüberzeugungen haben sich nicht verändert. Ich glaube, solche echte Toleranz brauchen wir. Es gibt aber noch weitere Begründungen für weltanschaulichen Pluralismus:

„Ein übergeordneter Standpunkt?"

Ein zweites Argument lautet: „Wenn man einen allgemeinen Wahrheitsanspruch erhebt, wenn man also sagt: ‚Das ist wahr und alles, was dem widerspricht, ist nicht wahr', nimmt man damit nicht einen übergeordneten Standpunkt ein?

Behauptet man damit nicht zugleich, dass man sozusagen ein paar Zentimeter über der Welt steht und einen besseren Überblick hat als der Rest der Welt?

Und ist das nicht ganz schön arrogant?"

Wieder kann ich die Sorge verstehen, die dahintersteht. Denn ich stimme zu, dass einen solchen übergeordneten Standpunkt zunächst einmal niemand hat.

Über Bill Gates habe ich einmal folgenden Witz gehört, mit dem man ihm wahrscheinlich unrecht tut; aber ich fand ihn trotzdem ganz gut: „Was ist der Unterschied zwischen Bill Gates und Gott? Gott weiß, dass er nicht Bill Gates ist." (Den gleichen Witz kann man natürlich auch über andere Leute erzählen.)

Wir haben ein feines Gespür dafür, wenn Leute sich überheben und sich als wichtiger und schlauer darstellen, als sie wirklich sind. Wenn wir das spüren, werden wir allergisch, und ich finde: zu Recht. Ich will nur einwenden: Dass man etwas nicht zwingend *beweisen* kann, dass man also nicht darlegen kann: „So muss es sein und alle klugen Menschen müssen das auch glauben", das heißt noch lange nicht, dass es in diesem Bereich *keine* Wahrheit gibt.

Stellen wir uns nur einmal folgende Situation vor: Mehrere Leute sitzen um einen Tisch und diskutieren kontrovers über ein Thema. Niemand von diesen Leuten hat privilegierte Informationen und kann sagen, er wisse es besser als die anderen. Trotzdem vertreten sie mit großer Leidenschaft völlig unterschiedliche Meinungen. Dann würden wir zwar sagen, an dieser Stelle kann niemand etwas beweisen. Aber wir würden daraus *nicht* schließen: „Hier gibt es mehrere Meinungen zum gleichen Thema – *also kann keiner recht haben.*" Zwischen diesen beiden Aussagen besteht nämlich kein logischer Zusammenhang. Die Tatsache, dass es mehrere Meinungen zu einem Thema gibt und niemand zweifelsohne *beweisen* kann, dass seine Meinung richtig ist, heißt noch lange nicht, dass nicht eine von diesen Meinungen trotzdem *richtig* sein kann.

Fangen wir ganz simpel an:
Wie ist es denn beim Gespräch zwischen glaubenden Menschen und Atheisten?
Atheisten sagen, es gibt keinen Gott, Glaubende sagen, es gibt einen Gott. Niemand würde daraus schließen: „Also kann keiner von beiden recht haben." Eins von beiden muss stimmen, entweder es gibt einen Gott, oder es gibt keinen Gott. Vielleicht gibt es auch mehrere Götter. Man kann aber nicht sagen: „Nur, weil beide unterschiedliche Meinungen vertreten, kann keiner von beiden recht haben." Ich glaube stattdessen, dass uns gar nichts anderes übrig bleibt, als nach bestem Wissen und Gewissen nach der Wahrheit zu suchen, nach dem, was uns überzeugt.

Diese Suche nach der Wahrheit bezieht immer den ganzen Menschen mit ein, unser Denken, unser Fühlen und unsere Erfahrungen. Als ganzer Mensch suchen wir nach der Wahrheit. Und wenn uns etwas wirklich überzeugt, dann ist es logisch und menschlich gar nicht möglich, gleichzeitig das Gegenteil zu glauben. Das wäre schizophren – wenn ich mich auf etwas eingelassen habe, gleichzeitig das Gegenteil zu glauben. Ich kann zweifeln, ich kann meine Meinung überprüfen, ich lasse andere Meinungen an mich heran, ich kann auch meine Meinung ändern, aber ich kann nicht dauerhaft das eine glauben und zugleich das Gegenteil davon. Dann würde ich verrückt sein oder es mit Sicherheit werden.

Was wäre die Alternative zur *einen* Wahrheit?
Ich glaube also, es gibt keine Alternative zur Suche nach der *einen* Wahrheit, zu der Auffassung: „Es gibt eine Wahrheit, wir können sie zwar nicht zweifelsfrei beweisen, aber wir suchen danach, und das, was wir gefunden haben, werden wir als Wahrheit vertreten, so lange, bis wir etwas Besseres finden." Denn was könnte, logisch gesehen, die Alternative zu dieser Auffassung sein?

(Wenn Sie gerade die Sorge beschleicht, dass dieses Kapitel allmählich etwas sehr komplex wird – dann haben Sie recht … Das kann ich uns leider nicht ersparen. Ich halte es allerdings für nötig, weil das Thema so wichtig ist.)

Die erste Alternative: „Alles ist wahr"?
Was wäre also die Alternative dazu, von der einen, allgemeinen Wahrheit zu sprechen?
Die erste Alternative wäre wieder *Pluralismus*, also die Auffassung: „Vielleicht ist alles irgendwie wahr." Dann bräuchten wir nicht mehr von der einen Wahrheit zu sprechen, die andere Wahrheitsansprüche ausschließt.

Wie gesagt, das klingt zunächst einmal ganz sympathisch. So zu denken, scheint Stress und Streit zu vermeiden. Das Problem dabei ist nur: Auch diese Auffassung, der Pluralismus, beansprucht für sich selbst, wahr zu sein.

Wenn ich sage: „Irgendwie ist alles wahr …“, habe ich damit einen Wahrheitsanspruch geäußert: „So ist die Welt und nicht anders."

Ich möchte das an dem berühmten Elefantengleichnis illustrieren. Das wird hin und wieder von Menschen erzählt, die für religiösen Pluralismus eintreten: Da sind ein paar Blinde, die im Urwald auf einen Elefanten treffen. Sie fassen den Elefanten an unterschiedlichen Stellen an. Dann unterhalten sie sich darüber, wie der Elefant beschaffen ist.
Der erste sagt: „Der Elefant ist wie ein Baumstamm, der senkrecht nach oben ragt."
Der nächste sagt: „Nein, der Elefant ist wie ein Segel, das langsam im Wind hin und her flattert."
„Nein", sagt der dritte, „der Elefant ist wie eine Liane, die senkrecht von oben herunterhängt."
„Nein", sagt der vierte, „der Elefant ist wie ein Granitblock, der in der Luft schwebt."
Und dann heißt es in der Geschichte weiter: Diese Blinden haben den Elefanten in Wirklichkeit nur an verschiedenen Stellen angefasst, nämlich am Bein, am Ohr, am Rüssel und am Leib. Aber es ist alles derselbe Elefant.

Die Pointe der Geschichte ist dann, dass es so ja auch mit den Religionen sein könnte. Da gibt es die Muslime, die sagen das eine, und die Christen, die sagen etwas anderes, und Buddhisten, Hindus und Naturreligionen sagen alle wieder etwas anderes – aber in Wirklichkeit ist alles derselbe Elefant.

Es ist alles dieselbe göttliche Wirklichkeit.

So weit die Geschichte. Sie hat allerdings aus meiner Sicht einen entscheidenden Haken.[14] Der Haken ist: Der Erzähler der Geschichte ist nicht blind.

Sonst würde die Geschichte gar nicht funktionieren. Der Erzähler sieht, was die Blinden tun. Er sagt also, *indem* er erzählt: „Ihnen kommt es so vor, als ob der Elefant unterschiedlich sei; ich dagegen sehe den Elefanten. Im Unterschied zu den Blinden bin ich sehend und kann sagen: ‚Was ihr für unterschiedliche Wirklichkeiten haltet, ist in Wahrheit dieselbe Wirklichkeit.‘"
Wenn also jemand einen übergeordneten Standpunkt einnimmt, dann doch wohl der Pluralist. Denn er behauptet letztlich: „Ich stehe über der Welt. Ich sehe, wie die Menschen sich um die Wahrheit bemühen. Da sind die Christen, Muslime, Buddhisten usw. Sie alle haben viel begriffen. Aber in Wirklichkeit ist alles derselbe Elefant."

Das ist also auch ein Wahrheitsanspruch, und zwar ein ziemlich ausgewachsener. Den kann man zwar vertreten, aber man sollte sich nur nicht einreden, dass damit das Problem der Wahrheitsfindung gelöst wäre. Man erhebt dann einen Wahrheitsanspruch, der letztlich *keiner* der beteiligten Religionen gerecht wird.

Jede der großen Religionen würde nämlich sagen: „Ich erkenne mich in dieser Auffassung nicht wieder." Die meisten engagierten Vertreter von Religionen würden sagen: „Nein, Moment mal, wir beschreiben die Wirklichkeit sehr verschieden. Unsere Erkenntnisse betreffen das ganze Leben des Menschen. Darum kann man unsere Religion nicht einfach in denselben Topf mit allen anderen werfen."

Das ist das Problem des Pluralismus.

Die zweite Alternative: „Es gibt keine Wahrheit"?
Die zweite Alternative zur Überzeugung, dass es nur *eine* allgemeine Wahrheit gibt, lautet:

„Vielleicht gibt es ja gar keine Wahrheit. Und das ganze Reden von Wahrheit ist einfach unsinnig und eine Über-funktion unseres Gehirns."
Das nennt man Relativismus: die Vorstellung, dass es gar keine Wahrheit gibt bzw. dass es keinen Sinn macht, von Wahrheit zu reden.

Mein Problem mit dem Relativismus ist, dass er in sich widersprüchlich ist. Das möchte ich mit folgendem Experiment darlegen: Ich sage jetzt einen Satz, der nicht meine Meinung wiedergibt. Er ist nur ein Zitat. Welche Resonanz löst der Satz in Ihnen aus – fällt Ihnen an diesem Satz irgendetwas auf?

Der Satz lautet (er ist nicht meine Meinung):

„Es gibt keine allgemeine Wahrheit."

Fällt Ihnen an diesem Satz irgendetwas auf?

Richtig, das ist auch ein Wahrheitsanspruch.
Wenn jemand zu mir sagt: „Es gibt keine allgemeine Wahrheit", dann frage ich immer zurück: „Und was ist mit dem Satz, den du gerade geäußert hast? Ist dieser Satz auch ein Wahrheitsanspruch oder nicht? Ist der Satz wahr oder nicht?" Dann wird der andere vielleicht sagen: „Doch, der Satz ist wahr." Darauf sage ich: „Aber dann hast du dir doch selber schon widersprochen. Denn dann müsste der Satz lauten: ‚Es gibt keine allgemeine Wahrheit – mit Ausnahme dieses Satzes.' Oder ist der Satz nicht wahr? Dann sagt der Satz überhaupt nichts aus. Denn dann würde er besagen: ‚Es gibt keine allgemeine Wahrheit, aber das stimmt irgendwie auch nicht.'"

Jetzt denken Sie vielleicht:
„Das mag ja eine ganz gerissene Argumentation sein. Aber ich finde, sie hat herzlich wenig mit meinem Alltagsleben zu tun. Wäre es nicht trotzdem schlauer, wenn wir das ganze Reden von Wahrheit zumindest ein bisschen zurückstellten?

Hätten wir nicht weniger Stress, wenn wir uns ein kleines bisschen Relativismus erlaubten?
Auch wenn das philosophisch vielleicht nicht ganz schlüssig ist – aber wäre es nicht trotzdem einfacher?"

Ich muss zugeben, ich denke auch nicht ständig über diese Dinge nach.
Wenn ich morgens aufwache, sage ich nicht als Erstes zu mir selbst:
„Wusstest du eigentlich, dass philosophischer Relativismus selbstreferenziell inkohärent ist?"

Nein, wirklich nicht, da gehen mir ganz andere Gedanken durch den Kopf. Aber für mich hat das Ganze eine persönliche Bedeutung. Nämlich aus dem simplen Grund, dass ich zum ersten Mal lebe. (Ich weiß ja nicht, wie es Ihnen geht.)
Ich habe nur dieses eine Leben.
Und mir ist dieses eine Leben viel zu kostbar, als dass ich mich mit weniger zufriedengeben wollte als mit einer Wahrheit, auf die ich mich verlassen kann.
Ich möchte mein Leben auf etwas bauen, das mich wirklich überzeugt.
Ich habe es gefunden im christlichen Glauben, und solange mir nichts anderes begegnet, das mich mehr überzeugt, bleibe ich dabei.
Mir ist mein Leben viel zu wichtig, als dass ich es auf irgendwelche windigen Vermutungen gründen könnte.
Darum liegt mir so viel an der Wahrheit.

Was, wenn es Wahrheit wirklich gibt?

Was wäre denn, wenn Wahrheit tatsächlich existierte?
Wenn es wirklich Wahrheit gäbe, nur dass sie sich nicht
durch ein Beweisverfahren finden ließe?

Es gibt keine Möglichkeit, sie zwingend zu beweisen. Es
gibt Gründe, Argumente, aber Beweise gibt es nicht. Wir
finden Wahrheit nur im persönlichen Engagement.
Wir finden sie nur dadurch, dass wir uns auf etwas oder
jemanden einlassen und dann merken: Es macht Sinn,
auf einmal verstehe ich mich selber besser, ich verstehe
die Welt besser. Ich merke, ich werde selber wahrhaftiger. Es bringt mich voran.

Meiner Meinung nach ist es beim christlichen Glauben
genau so, dass man merkt, es gibt durchaus gute Argumente für den Glauben.
Irgendwann stellt sich jedoch die Frage: Was mache ich
jetzt damit?
Lasse ich mich darauf ein – man kann sich auch test-
weise darauf einlassen – und wenn ja, was passiert dann
mit mir? Habe ich den Eindruck, dass ich mich verbiege,
oder macht es mich wahrhaftiger, merke ich, dass die
Welt auf einmal mehr Sinn macht?

Der englische Literaturprofessor C. S. Lewis hat einmal
gesagt:

„Ich glaube an Christus, so wie ich glaube, dass die Sonne aufgegangen ist. Nicht nur, weil ich sie sehe, sondern weil ich durch sie alles andere sehe."

Ich glaube, wenn wir nach Wahrheit suchen, ist es wirklich genau so. Wir glauben an etwas, und dann merken wir, auf einmal sehen wir die Wirklichkeit besser als vorher.

Wahrheit ist nämlich etwas, das man nicht nur aus der Distanz kennenlernt, sondern auch, indem man sich persönlich darauf einlässt. Das ist wie bei Beziehungen zwischen Menschen. Stellen wir uns folgende Situation vor: Ein Mann verliebt sich in eine Frau. Irgendwann bringt er den Mut auf, sich ihr zu erklären, und sagt zu ihr: „Ich muss dir ein Geständnis machen: Ich liebe dich." Nun kann ich mir verschiedene Reaktionen vorstellen. Es kann sein, dass die Frau sagt: „Du, weißt du, vielleicht sollten wir da eher vorsichtig sein … Ich will ja deine Gefühle nicht verletzen …"
Es kann auch sein, dass die Frau sagt: „Ich liebe dich auch!"
Aber was ich mir schlecht vorstellen kann, ist, dass die Frau sagt: „Das ist sehr interessant …" Das passt nicht.

Ich glaube, bei der Suche nach der Wahrheit ist es genauso. Natürlich hat diese Suche auch mit dem Kopf zu tun, das ist mir sehr wichtig. Argumentieren und Nachdenken gehören dazu. Aber eben nicht nur. Es geht darum, dass man sich persönlich auf etwas einlässt.

„Unterscheiden sich die Religionen wirklich so sehr?"

Kommen wir zum dritten und vorläufig letzten Argument, das Vertreter des weltanschaulichen Pluralismus anführen, um zu sagen:

„Kann man nicht trotzdem die Ansprüche der Religionen nebeneinander stehen lassen?"

Das dritte Argument lautet:

„Vielleicht unterscheiden sich die Religionen ja gar nicht wirklich. Vielleicht stimmt es gar nicht, dass sie sich so sehr widersprechen, dass man von unterschiedlichen Wahrheitsansprüchen reden muss."

Auch hier kann ich verstehen, wie diese Überzeugung zustande kommt, zumindest im westlichen Kontext. Ich kann mir vorstellen, dass Menschen einen Lernprozess, den wir innerhalb der Christenheit hinter uns haben, auf die Weltreligionen übertragen.

Der Lernprozess, den wir innerhalb der Christenheit – hoffentlich – hinter uns haben, lautet:
Es gibt die verschiedenen christlichen Konfessionen: Katholiken, Protestanten, Orthodoxe usw. Die sind zum Teil recht unterschiedlich, aber im Kern meinen sie das Gleiche. Was uns verbindet, ist immer wichtiger als das, was uns unterscheidet.
Deswegen reagieren wir als Christen meistens allergisch,

wenn Vertreter einer einzelnen Konfession den Eindruck erwecken, sie hätten es eben doch ein bisschen besser begriffen. So wie bei den beiden Theologen unterschiedlicher Konfession, von denen ich mal gehört habe. Die debattieren über eine theologische Streitfrage, und nachdem sie ganz lange herumdiskutiert haben, sagt einer von den beiden:

„Ach, wissen Sie, lieber Kollege, wir sollten uns nicht streiten. Denn wir dienen ja beide demselben Herrn. Sie dienen ihm auf *Ihre* Weise und ich diene ihm auf *seine* Weise."

Das haben wir eigentlich hinter uns. Und das ist, wie gesagt, ein Lernprozess innerhalb der Christenheit. Problematisch wird es allerdings, wenn man diesen Lernprozess auf die Welt der Religionen überträgt und nun erklärt, auch die unterschiedlichen Religionen glaubten im Grunde das Gleiche.

Ich möchte behaupten, dass man das nur dann von den Religionen sagen kann, wenn man die Unterschiede zwischen ihnen nicht wirklich kennt.

Einen zentralen Unterschied zwischen dem Islam und dem Christentum möchte ich benennen, und das sage ich in großem Respekt vor allen Muslimen, die mir jemals begegnet sind. Ich habe schon viele Gespräche mit Muslimen über diese Frage geführt und das waren immer sehr spannende und angenehme Gespräche. Gerade in diesem Punkt haben sie mir aber zugestimmt:

Es gibt einen zentralen Unterschied zwischen dem Islam und dem Christentum.

Im Herzen des Christentums steht die Überzeugung, dass Gott Mensch geworden ist in Jesus Christus.
Gott ist ein Mensch aus Fleisch und Blut geworden, weil er Kontakt sucht zu seinen menschlichen Geschöpfen.
Gott ist eines Tages ganz klein geworden – ein strampelndes, warmes Bündel Mensch, ein Baby.
Ein Junge, ein junger Mann.
Er macht Erfahrungen, er lernt eine Sprache, er wird müde, er wird wieder wach, er hat Hunger, er hat Durst, er weint, er lacht.
Gott wird ein Mensch, in Jesus.

Muslime würden so etwas nie sagen.
Muslime betonen, dass Gott heilig ist, unbegreiflich, unergründlich.
Allein die Vorstellung, dass er so nah an seine Schöpfung herankommt, ist für sie undenkbar.

Warum erzähle ich das?
Um zu zeigen, dass beide, die engagierten Vertreter des christlichen Glaubens und die des Islam, an dieser Stelle erklären:
„Das kann nicht beides gleichzeitig stimmen. Entweder Gott ist Mensch geworden oder er ist nicht Mensch geworden."
Rein logisch kann es auch sein, dass beides falsch ist, aber es kann nicht beides gleichzeitig stimmen. Wenn

man also sagt: „Im Grunde meinen sie das Gleiche",
respektiert man damit gerade *nicht* die Unterschiede,
die ganz tief in den Religionen verankert sind.

Ich glaube, wir brauchen einen echten Respekt vor dem
Andersartigen, was andere Menschen glauben.
Manchmal habe ich den Eindruck, wenn Leute, die sich
um Verständigung bemühen, sagen: „Das ist doch alles
das Gleiche", dass sie diese Andersartigkeit eben nicht
aushalten.
Für mich gehört es gerade zu dem Respekt vor anderen
Religionen, die Unterschiede zu benennen:
*„Es ist eine andere Art, die Welt zu sehen. Jetzt lasst uns
friedlich darüber nachdenken, friedlich darum ringen, wo
die Wahrheit liegt. Und wir haben kein anderes Mittel für
dieses Ringen als das Argument und das Zeugnis unseres
Lebens. Mehr haben wir nicht. Aber das werden wir ein-
setzen, um gemeinsam herauszufinden, wo die Wahrheit
ist."*

Das Besondere an Jesus

Was ist denn nun das Besondere am christlichen Glauben, das Christen so engagiert und mit Leidenschaft
dafür eintreten lässt?
Christen sind überzeugt: Wir können über Gott nur
deswegen überhaupt etwas aussagen, weil er uns in Jesus
gezeigt hat, wer und wie er ist. Davon habe ich in den
bisherigen Kapiteln gesprochen. Und ich habe zu zeigen
versucht, warum mir diese Aussage über Jesus einleuch-
tet – weil Jesus für mich glaubwürdig ist.

Was ist das nun für ein Gott, der sich in Jesus zeigt?

Was ist das Besondere an diesem Bild von Gott?

In Jesus begegnet uns jemand, der um das Vertrauen
von Menschen wirbt. Wie gesagt: Um das Vertrauen von
Menschen kann man nur werben, man kann es nicht erzwingen. Wir sehen in Jesus jemanden, der etwas fertig-
bringt, das wir Menschen relativ schlecht hinbekommen,
nämlich Menschen mit un-bedingter Liebe zu begegnen.
Einer Liebe, die keine Vorbedingungen stellt.
Die sich jedem Menschen bedingungslos zuwendet,
ohne dabei unrealistisch zu werden.
Einer Liebe, die sich nicht irremachen lässt, egal, was
Menschen an Jesus herantragen.

Manchmal kommen Menschen ja auch zu Jesus mit,
sagen wir mal, sehr ungewöhnlichen Vorstellungen über
das Leben und die Welt.
Da geht Jesus mit seinen Leuten durch eine dichte Menschenmenge, um ihn herum viele Hundert Menschen,
mit ganz unterschiedlichen Geschichten, ganz unterschiedlichen Schicksalen. Unter diesen Menschen ist
eine Frau, die leidet seit vielen Jahren an schweren Blu-
tungen. Das ist zu ihrer Zeit, in ihrer Kultur nicht nur
ein medizinisches, sondern auch ein kultisches Problem,
ein religiöser Makel. Eine solche Frau galt als unrein.
Und diese Frau kommt nun auf eine ganz ausgefallene
Idee. Sie denkt sich: „Da ist dieser Jesus, das ist doch
dieser Rabbi, dieser religiöse Lehrer, der schon einige

geheilt hat, wie man hört. Vielleicht – vielleicht werde ich gesund, wenn ich sein Gewand anfasse."[15]

Das war theologisch, schon damals, zumindest etwas unsauber. Da hätte eigentlich die damalige theologische Aufsichtsbehörde einschreiten können und sagen: „Entschuldige mal, was soll das denn heißen, Gewand berühren? Morgen um 13.45 Uhr hat der Meister seine Sprechstunde. Da bieten wir Seelsorge an, ein bisschen aktives Zuhören und Beratung – und dann schauen wir mal. Aber hier: Gewand berühren und dann gleich gesund werden, so einfach ist das nicht." Aber diese Frau kommt aus irgendeinem Grund auf diese Idee. Sie berührt Jesus am Gewand und merkt im selben Moment, dass sie von ihrem Leiden befreit ist.

Wenn Sie an diesem Punkt Schwierigkeiten haben: haben Sie noch ein bisschen Geduld. Mir selbst geht es hier vorläufig um etwas anderes. Das Entscheidende kommt erst noch. Jesus dreht sich nämlich zu seinen engsten Vertrauten um und sagt: „Irgendjemand hat mich berührt." Und seine Leute sagen: „Na, du bist ja witzig, Jesus. Du gehst hier gerade durch eine dichte Menschenmenge. Natürlich berühren dich die Leute." „Nein, nein", sagt Jesus, „irgendetwas Besonderes ist passiert." Und dann tritt diese Frau aus dem Kreis der Umstehenden hervor, und sie zittert vor Angst, weil sie erwartet, dass das passiert, was immer passiert, wenn sie religiösen Leuten zu nahe kommt, nämlich dass diese sie wegstoßen und sagen: „Wir wollen dich nicht." Und sie schaut in das Gesicht von Jesus und sieht in diesem Gesicht keine Spur von Ablehnung. Sondern sie sieht in diesem Gesicht ein großes Ja zu ihr. Jesus sagt zu dieser Frau – beachten Sie die ersten beiden Worte –, er sagt: *„Meine Tochter, dein Vertrauen hat dich geheilt. Und jetzt geh und freu dich darüber."*

Warum erzähle ich das?
Um vor Augen zu führen: Was wäre, wenn Gott wirklich so wäre?
Dann würde Gott uns Menschen ganz anders begegnen, als er häufig in der Welt der Religionen dargestellt wird. Das sage ich auch als jemand, der unsere eigene christliche Tradition durchaus kritisch sieht. Die christliche Tradition hat nämlich den eigentlichen christlichen Glauben manchmal sehr viel schlechter verstanden, als er gemeint ist.

Das religiöse Prinzip

Ganz häufig begegnet uns in der Welt der Religionen folgendes Bild:
Da wird ein großes Ziel vor Augen gemalt.
Irgendetwas sehr Gutes.
Der Himmel, die Erlösung, die Erkenntnis.
Religion ist meist sehr gut darin, dieses Ziel in goldenen Farben auszumalen und dann Menschen zu vermitteln: „Da möchtest du hin, nicht wahr? Wir zeigen dir, wie es geht. Folgende Gebote musst du einhalten, folgende Regeln musst du befolgen, folgende Rituale musst du vollziehen. Und wenn du dich ordentlich anstrengst,

dann kommst du vielleicht einmal zu diesem herrlichen Ziel."

Religionen – und wie gesagt, die christliche Tradition nehme ich da überhaupt nicht aus – sind sehr geübt darin, diesen Weg aufzuzeigen. Je nach Couleur ist er manchmal ganz beschwerlich, manchmal etwas einfacher. Aber das Prinzip ist immer das gleiche.

„Da ist das Ziel – so kommst du hin. Wir zeigen dir, wie es geht. Folgende Dinge musst du tun, folgende Bedingungen musst du erfüllen."

Dieses Prinzip ist aus religiöser Sicht durchaus praktisch. Denn wenn ein Mensch beginnt, den Glücksversprechen einer religiösen Tradition mit Zweifel zu begegnen, braucht man ihn nur zu fragen: „Ja, hast du denn auch wirklich alles eingehalten? Bist du sicher?"

Trotz all der Unterschiede zwischen den Religionen, auf die ich bisher vorwiegend hingewiesen habe und die sich in keiner Weise relativieren lassen – dieses Prinzip begegnet uns in der Welt der Religionen tatsächlich häufig. Wichtig ist mir: Ich beschreibe das Prinzip nicht, um nun etwa eine einzelne religiöse Tradition zu kritisieren. Das liegt mir fern. Nein, ich beschreibe diesen ähnlichen Grundzug hier nur aus einem einzigen Grund:
um zu zeigen, was am christlichen Glauben einzigartig ist.

Jesus ist anders

Der christliche Glaube sagt im Kern nämlich genau das Gegenteil.

Er sagt: Nicht *wir* arbeiten uns zu Gott vor.

Sondern *Gott* kommt zu uns herunter.

Gott sucht nach *uns*, er läuft uns hinterher, um mit verloren Gegangenen den Kontakt wieder aufzunehmen.

Dieser Jesus, von dem ich gerade erzählt habe, dieser Jesus ist es, der von sich sagt: *„Ich bin die Wahrheit. Du brauchst nicht länger zu suchen.“*

Das ist nicht jemand, der sich aufspielt und Menschen zu manipulieren versucht, sondern jemand, der friedlich um jeden Einzelnen wirbt.

Wenn Menschen mich also fragen: „Sag mal, glaubst du denn etwa, du hast die Wahrheit gepachtet?“, dann lautet meine Antwort: „Nein. Ich glaube, die Wahrheit hat mich gepachtet.“

Damit meine ich: Ich habe etwas gefunden,
mich von jemandem finden lassen,
von dem ich restlos überzeugt bin.
Ich kann mir nichts darauf einbilden.
Ich kann *nicht* sagen, ich bin in irgendeiner Hinsicht klüger oder besser als andere.
Überhaupt nicht.

Es ist ein unverdientes Geschenk, und davon kann ich dankbar erzählen.

Mir ist etwas passiert, das mir so wichtig ist und mir so guttut, dass ich mir wünsche, dass alle Menschen um mich herum das auch erfahren.

Das ist übrigens auch der Grund, warum ich diesen Text schreibe.

Märtyrer der Sprache.

Über Sehnsucht und Liebe

Wenn man sich mit der deutschen Sprache näher beschäftigt, wird man feststellen, dass es sogenannte „Märtyrer der Sprache" gibt. Das sind Worte, die sind so oft verwendet worden, so breitgetreten worden, dass man sie nur noch in Anführungszeichen sagt und sich nicht mehr traut, sie ernsthaft auszusprechen.[16]

Dazu gehört zum Beispiel das Wort „Friede". Nicht „Frieden", sondern „Friede", wie es gerne in kirchlichen Kreisen verwendet wird. Ich erinnere mich an die ersten Semester meines Theologiestudiums, damals, an der kirchlichen Hochschule Wuppertal. Da war ein Mitstudent, der hatte die Gewohnheit, in den Vorlesungspausen zwischen den Studenten, die im Gespräch vertieft herumstanden, hin und her zu laufen, um zu schauen, ob irgendwo zwei Studenten in ein Streitgespräch verwickelt waren. Dann hat er sich hinter den beiden Streitenden aufgestellt und angefangen zu singen: „Friede, Frie-hiede …" Mit dem Erfolg, dass dann die beiden Streitenden gemeinsam auf ihn sauer waren. Das ist auch eine Methode, Frieden zu stiften. Das Wort hat an Substanz verloren.

Ein verbrauchtes Wort?

Wie ist es nun mit dem Wort „Liebe"?

Ist „Liebe" auch abgegriffen und breitgetreten?

Zumindest scheint zu dem Thema alles gesagt.

„*Liebe, das ist – eine schwere Geisteskrankheit*", soll Platon gesagt haben.

„*Liebe ist ein Wahnsinn*", hat der deutsche Dichter Heinrich Heine gesagt.

Eine amerikanische Autorin hat einmal gesagt: „*Liebe ist wie die Zahl Pi: natürlich, irrational und sehr wichtig.*"

Der französische Autor Jules Renard hat es sarkastischer auf den Punkt gebracht. Er sagte: „*Liebe ist wie eine Sanduhr, bei der sich das Herz füllt, während sich das Hirn leert.*"

Und wenn wir schon in der sarkastischen Abteilung sind, können wir gleich zu Oscar Wilde übergehen. Der hat nämlich gesagt: „*Sich selbst lieben ist der Beginn einer lebenslangen Romanze.*"

Besser gefällt mir da schon ein schwedisches Sprichwort, das ich einmal aufgeschnappt habe. Es lautet: „*Liebe mich, wenn ich es am wenigsten verdiene, denn dann brauche ich es am nötigsten.*"

Zugleich ist Liebe ungeheuer sinnstiftend. Das wissen wir, wenn wir schon einmal Momente erfüllter Liebe haben erleben dürfen. Der österreichische Autor Alfred Polgar hat gesagt: „*Liebe, das ist ein privates Weltereignis.*"

Das erkennt man schon daran, welche Auswirkungen es hat, wenn man erfüllte Liebe erlebt. Wenn man sich in

jemanden verliebt, und diese Liebe wird erwidert, dann
verändert das die ganze Welt.

Ich erinnere mich an eine Begebenheit aus meiner Kind-
heit. Ich habe drei ältere Brüder, und ich weiß noch,
wie ich damals als kleiner Junge am Tisch saß und
mein Bruder im Teenie-Alter von meinen Eltern be-
fragt wurde, wie es ihm denn so ginge. Er verkündete,
er wolle von jetzt an jeden Morgen duschen. Daraufhin
sagte mein Vater einen Satz, der, wie ich glaube, weltweit
verbreitet ist und der Teenager vermutlich überall zur
Weißglut treibt, nämlich: „Wie heißt denn die Dame?"

Wenn man Liebe erlebt, die uns erfüllt, dann verändert
das die gesamte Welt. Man nimmt alles anders wahr. Auf
einmal scheint das Gras grüner, erscheinen die Gebäude
um einen herum hübscher, die Menschen ganz allgemein freundlicher und zugänglicher. Die ganze Welt ist
anders, weil man auf einmal eine ungeheuer lebenswich-
tige Erfahrung macht.

Alles nur subjektiv?
Vermutlich würden die meisten jetzt sagen, dass diese
Art von Erfahrung eine rein subjektive Geschichte ist.
Ich liebe jemanden, der liebt mich zurück, das ist wunderbar, aber das gilt eben nur für uns beide. Es ist ein
bisschen privates Glück, das wir der Welt abgewinnen.
Das heißt noch lange nicht, dass dadurch die Welt insgesamt notwendigerweise mehr Sinn erhält. Denn
wir kennen ja, als auf- und abgeklärte Menschen des

21. Jahrhunderts, die Analysen, die uns die verschiedenen wissenschaftlichen Zugänge zum menschlichen Leben anbieten. Analysen, mit denen man auch ein Phänomen wie Liebe in den Blick nehmen kann.

Da gibt es zum Beispiel die *Neurowissenschaften*, die die verschiedenen Aktivitäten in den Hirnarealen erforschen und vielleicht irgendwann einmal sagen können: „Wenn du dich verliebt fühlst, ist folgendes Hirnareal aktiv." Vielleicht können sie das auch jetzt schon sagen. Ich persönlich bin übrigens ganz froh, dass man *nicht* sehen kann, welches Hirnareal bei einem gerade aktiv ist. Wenn plötzlich eine Art Schaltfläche am Kopf rot aufleuchtete, wäre das schwierig.
Oder die *Biochemie*, die sagt: „Das, was du subjektiv als so ungeheuer euphorisches Gefühl erlebst, hat damit zu tun, dass ganz bestimmte Botenstoffe ausgeschüttet werden. Es laufen biochemische Prozesse ab, die in dir dieses intensive Gefühl auslösen."

Oder die *Soziologie*, die sagt: „Wenn zwei Menschen zusammenkommen, dann ist das für sie oft ganz überraschend, aber aus unserer Perspektive ist es eben nicht so überraschend. Es ist zum Beispiel kein Wunder", sagen manche Soziologen, „dass oft solche Menschen zueinanderfinden, die bei aller Unterschiedlichkeit doch aus ähnlichen Familienkonstellationen kommen. Sie wirken vielleicht unterschiedlich, aber wenn man näher hinschaut, merkt man doch, dass sie relativ ähnliche Erfahrungen gemacht haben."

Ich habe prinzipiell kein Problem damit, ein Phänomen wie Liebe aus der Sicht der Neurowissenschaften, der Biochemie, Soziologie und auch Psychologie in den Blick zu nehmen – solange man diese Zugänge nicht verabsolutiert. Solange man also nicht behauptet: „Liebe ist *nichts als* ... Neurologie, Biochemie – nichts als Prozesse, die in dir ablaufen, und du empfindest es als erfüllend, aber es ist dennoch nichts als Chemie."

Wenn man das sagt, reduziert man nämlich eine wichtige menschliche Erfahrung auf einen vergleichsweise unerheblichen Aspekt.

Stellen wir uns vor, wir wären in einer Kunstausstellung. An der Wand hängt ein großartiges Meisterwerk, ein Rembrandt oder ein van Gogh.

Stellen wir uns vor, wir würden nun jemanden bitten, uns dieses Meisterwerk zu erklären: „Sieh doch mal hin. Was ist das für ein Bild? Beschreibe es uns", und derjenige würde sagen: „Also, ich sehe hier eine Leinwand, die ist 2 × 3 Meter groß, ungefähr 1 Millimeter dick, beschichtet mit verschiedenen Schichten Ölfarbe in unterschiedlichsten Farbtönen ..."

Es ist zwar richtig, was er sagt, aber gesehen hat er nichts.

Das Eigentliche hat er verpasst, wenn er das Bild so in den Blick nimmt.

Oder stellen wir uns einen Mann vor, der morgens zum Briefkasten geht, ihn öffnet und darin einen Brief findet, der handschriftlich adressiert ist. Er erkennt an der Schrift: Dieser Brief kommt von der Person, die ich liebe.

Was wird der Mann mit diesem Brief machen?
Wird er in seine Wohnung gehen, den Brief öffnen, die Seiten herausholen und sagen: „Interessant, interessant. Da hat jemand die Konventionen des romantischen Briefeschreibens im beginnenden 21. Jahrhundert in Mitteleuropa befolgt. Da ist eine Anrede mit ein paar Kosenamen, dann folgt eine Beschreibung des Ist-Zustandes, ein Rückblick auf vergangenes gemeinsames Erleben, am Ende ein Briefschluss in üblicher Weise …"?
Wird er zufrieden feststellen: „Dieser Brief gibt mir Aufschluss über das Geschlechterverhältnis in Mitteleuropa im 21. Jahrhundert."?
Nein – wenn er persönlich beteiligt ist, wird er sich hinsetzen, diesen Brief lesen und jedes Wort aufsaugen, weil es die Beziehung zwischen ihm und dieser anderen Person ausmacht, was er dort blau auf weiß vor Augen hat.[17]

Deswegen, weil es nicht reicht, Liebe aus dieser Außensicht anzuschauen, lade ich Sie jetzt zu einem Denkexperiment ein. Es lautet:

Vielleicht steckt in unserer Erfahrung von Liebe und auch in unserer Sehnsucht nach Liebe ein Geheimnis. Vielleicht steckt darin eine Sehnsucht, die eigentlich auf noch mehr verweist.

Was man sagen, aber nicht leben kann

Denn man kann zwar *sagen*: „Das, was wir so in der Welt erleben, kann man mit rein naturwissenschaftlichen Methoden beschreiben, und es liegt nichts Tieferes darin." Das kann man sagen. Ich habe Leute erlebt, die das glaubhaft behaupten. Ich glaube allerdings nicht, dass Menschen das wirklich *leben*. Ich glaube, es gibt eine ganze Reihe von Dingen, die man behaupten, aber nicht einlösen kann.

Ich habe am Rande einer Vortragsveranstaltung mal ein Gespräch mit einem Studenten geführt, der sagte: „Ich komme nicht zu dem Vortrag. Ich weiß schon, worum es geht, es geht um Glaubensfragen. Aber den christlichen Glauben habe ich schon hinter mir. Damit habe ich mich schon beschäftigt, das ist nichts für mich." Ich sagte: „Interessant, das ist ja eine Erfahrung, die du mit manchen anderen Menschen teilst. Was glaubst du denn stattdessen? Wie, glaubst du, ist die Welt im Innersten beschaffen? Glaubst du, dass es irgendeinen tieferen Sinn gibt?" Und er sagte sinngemäß: „Nein, das glaube ich nicht. Ich glaube einfach nur an das, was ich vor mir sehe. An das, was man empirisch nachweisen kann, was man naturwissenschaftlich feststellen kann. Ich glaube nicht, dass es einen tieferen Sinn gibt." Ich sagte wieder: „Interessant, auch das behaupten ja eine ganze Reihe von Menschen." Wir haben uns weiter über alles Mögliche unterhalten und uns dabei persönlich sehr gut verstanden. Er erzählte mir, was ihn beschäftigt, dass er zum Beispiel gerne am Computer elektronische Musik macht, und man konnte sehen, wie seine Augen zu leuchten begannen, weil er in seinem Element war. Er erzählte mir von Beziehungen, in denen er lebt und die ihm wichtig sind.

Irgendwann im Laufe dieses Gesprächs sagte ich: „Stopp. Ich nehme da eine Spannung wahr in dem, was du sagst. Wenn es doch stimmt, was du vorhin behauptet hast, nämlich, du glaubst einfach nur an das, was man empirisch, naturwissenschaftlich beschreiben kann – und der Rest hat eigentlich keine tiefere Bedeutung – dann ist alles das, wovon du seitdem gesprochen hast, was dir doch so wichtig ist, nämlich: Musik, Kreativität, Liebe – dann ist doch alles das nichts weiter als H_2O, nur ein bisschen komplizierter. Das glaubst du doch nicht wirklich, oder?" Und er sagte: „Nein, das glaube ich eigentlich nicht."

Ich muss zugeben, dass er daraufhin leider nicht sofort meine Meinung übernommen hat, das wäre ein schönes Ende der Geschichte. Das ist nicht der Fall. Und ich sage auch nicht: „Das darf man nicht denken, dass es keinen tieferen Sinn gibt, wie kann man nur?" Ich sage nur: Wenn man das behauptet, dann sollte man sich selbst mal fragen, ob man wirklich danach lebt.

Ich glaube, es gibt eine ganze Reihe von Dingen, die man behaupten, aber nach denen man nicht leben kann.

Irgendwie spürt jeder: Es gibt mehr als die materielle Welt in und um uns; und wir leben auch so, dass wir diese Aussage verkörpern. Im Hinblick auf das Phänomen Liebe habe ich zwei Beobachtungen gemacht, die ich Ihnen vorstellen möchte. Damit gehen wir einen Schritt weiter in unserem Denkexperiment.

Zwei Beobachtungen und ein Geheimnis

Die erste Beobachtung: In unseren besten Momenten lieben wir un-bedingt. Wir sind mit einem Menschen zusammen und kennen alle seine Macken. (Und er die unseren …) Der eine hat diese fatale Angewohnheit, den Deckel der Zahnpastatube offen zu lassen. Oder sich so komisch am Kopf zu kratzen. Oder er erzählt immer wieder die gleichen Witze und findet sie immer wieder lustig, aber alle anderen nicht so sehr. Wir sind mit einem Menschen zusammen, wir kennen alle seine Macken und Schattenseiten, und wir lieben ihn oder sie ganz genau so, nehmen ihn oder sie so an, wie sie nun einmal sind. Ich glaube, in unseren besten Momenten, manchmal sind das nur Sekundenbruchteile, schaffen wir es, andere Menschen un-bedingt zu lieben, ohne Bedingungen zu stellen.

Aber – und das ist meine *zweite Beobachtung* – wir Menschen kommen dabei an eine Grenze. Wir können nicht alles ertragen, wir können vieles jedenfalls nicht dauerhaft ertragen. Auch und gerade in den intensivsten Liebesbeziehungen können wir einander unglaublich verletzen, wenn wir einander nicht gerecht werden. Wir kommen an eine Grenze, wenn wir versuchen, un-bedingt zu lieben. Vielleicht ist das auch nötig, weil wir

Menschen nun mal eine begrenzte Kapazität haben,
Verletzungen zu ertragen.
Aber die Grenze ist auf jeden Fall da.

Ich glaube, etwas Ähnliches können wir auch bei Beziehungen allgemein beobachten, also nicht nur in der Partnerschaft, sondern auch in Freundschaften, Bekanntschaften, Kontakten usw. Wenn wir uns nämlich dieses ganze Panorama von Beziehungen anschauen, dann erleben wir doch meistens eher eine Zuwendung, die unter Bedingungen steht. Davon habe ich in den ersten Kapiteln dieses Buches geschrieben. Ich will noch mal daran erinnern, weil es jetzt unter einem anderen Aspekt noch einmal wichtig wird:

Um Mensch zu sein, brauchen wir es, anerkannt zu werden, Zuwendung und Feedback zu bekommen.

Wir erleben, dass wir das auch bekommen, aber immer nur unter Bedingungen. „Wenn, dann … Aber wehe, wenn nicht …" Und wie gesagt, dieses Wenn-Dann-Prinzip, Liebe unter Bedingungen, kann uns auch da nicht zufriedenstellen, wo es sozusagen funktioniert. Wo wir also die Bedingungen erfüllen und als Gegenleistung Anerkennung bekommen. Auch das, davon bin ich überzeugt, lässt uns auf Dauer leer zurück.
Weil wir uns ja weiter fragen: Bin ich das wirklich – bin ich wirklich nur so viel wert, wie andere in mir sehen? Bin ich nicht eigentlich – viel mehr?

Damit sind wir ganz dicht bei dem Geheimnis, das in unserer Sehnsucht nach Liebe steckt.

Stellen wir uns vor – es ist nur eine Vorstellung und auch nur ein Denkangebot –, es gäbe eine Liebe ohne „Wenn …".

Eine Liebe, die keine Bedingungen stellt und die verlässlich, realistisch und dauerhaft ist.

Eine Liebe, die nicht durch die Finger sieht und sagt: „Na ja, ich schau mal nicht so genau hin, wird schon okay sein",

… sondern eine Liebe, die uns ganz realistisch sieht und ganz genau weiß, wer wir sind, sich keine Illusionen macht und uns trotzdem verlässlich gilt,

… ohne Bedingungen zu stellen.

Der christliche Glaube sagt, genau so ist Gottes Liebe zu uns Menschen.

Wenn wir von Gott reden, dann glauben wir, dass Gott auf diese Welt sieht – mit einer Liebe, die Menschen ohne Wenn gilt.

Eine realistische Liebe, die nicht schönredet, was Menschen tun.

Die beim Namen nennen kann, was falschläuft.

Und die trotzdem sagt: Menschen sind und bleiben wertvoll, unabhängig davon, was sie tun oder was sie nicht tun.

Ich glaube, dass Jesus diese Liebe verkörpert, und deswegen spreche ich immer wieder davon.

Jesus kann sehr kritisch sein gegenüber bestimmten

Verhaltensweisen – aber er zeigt ungeheure Akzeptanz gegenüber der Person.

Jesus kann sehr direkt und sehr kritisch sein, kompromisslos gegenüber Dingen wie religiöser Arroganz, Besserwisserei, Intoleranz; das alles mag er gar nicht.

Aber er akzeptiert die Person, diese Unterscheidung bekommt er hin.

Er sucht nach Menschen, die ihm überhaupt nichts zu bieten haben.

Er geht ihnen nach, um sie für sich zu gewinnen.

Je mehr man sich das anschaut, desto mehr merkt man:

Wenn das christlicher Glaube ist, dann ist der Kern dieses Glaubens völlig anders als alles, was wir gewohnt sind. Wir brauchen eine ganze Weile, vielleicht ein halbes Leben, um Gottes Liebe wirklich zu verstehen.

Deswegen möchte ich das, worum es bei Jesus geht, noch einmal besonders verdeutlichen: mit einer Geschichte und mit einem Geschehen.

Eine Geschichte

Die Geschichte gehört zu den großen Erzählungen der Weltliteratur.

Um sie zu verstehen, ist es hilfreich zu wissen, dass die Menschen zu der Zeit, als sie erzählt wurde, in einem Großfamilienverband lebten. Auch wenn Leute erwachsen wurden, zogen sie meist nicht weg vom Heimatort ihrer Eltern, sondern blieben in der Nähe wohnen. Es war also nicht so wie heute, wo man sagt: Mit Anfang 30

sollte man seine Wäsche vielleicht doch selber
waschen.

In der damaligen Kultur war es so, dass man selbst-
ständig lebte, aber in unmittelbarer örtlicher Nähe zum
Vaterhaus.[18]

Das sollte man wissen, um zu verstehen, was es bedeutet, wenn in dieser Geschichte ein erwachsener Sohn
zu seinem Vater sagt: „Vater, zahl mir meinen Anteil
vom Erbe aus, der mir zusteht." In der damaligen Kultur
hieß das fast so viel, als wenn der Sohn zum Vater
sagen würde:

„Hiermit erkläre ich dich für tot. Ich will von jetzt an so
leben, als ob es dich nicht gäbe. Du engst mich ein, du
nimmst mir die Luft zum Atmen. Ich will weg von dir."
Wenn das eine religiöse Geschichte im traditionellen
Sinne wäre, also eine Geschichte nach dem Wenn-
Dann-Prinzip – wie müsste der Vater dann reagieren? Er
müsste sagen: „Was willst du?! Du willst deinen Anteil
vom Erbe haben? Du spinnst! Komm, geh in den Stall,
Überstunden machen, heute Abend reden wir weiter."

Nichts davon wird gesagt. Sondern der Vater sagt: „Ich
zwinge dich nicht hierzubleiben. Du bist frei, zu bleiben
oder zu gehen. Hier, nimm alles, was ich dir geben kann,
und geh deiner Wege."

Der Sohn zieht in die Fremde und braucht das Kapital
des Vaters auf. Er hat alles mitgenommen, was er vom
Vater bekommen kann:

Besitz,
Fähigkeiten,
Möglichkeiten,
Potenzial.
Je weiter er sich vom Vater entfernt, desto mehr braucht
er seine Vorräte auf. Am Ende landet er als Tagelöhner
bei den Schweinen, als Schweinehirte.

Das muss man mit den Ohren der ersten Hörer dieser
Geschichte hören, mit jüdischen Ohren. Schweine sind
unreine Tiere.
Tiefer kann man nicht fallen.

Wäre das eine religiöse Geschichte, müsste der Sohn
jetzt zerknirscht sein und sagen: „Was hab ich nur gemacht, wie konnte ich nur …" Stattdessen denkt er relativ nüchtern über seine Situation nach. Er sagt: „Nun
gut – schlechter als jetzt kann es mir nicht gehen. Ich
werde also versuchen, zu meinem Vaterhaus zurück-
zugehen. Er wird mich natürlich nicht mehr als Sohn
akzeptieren. Aber ich könnte vielleicht als Tagelöhner
bei ihm anfangen, als 1-Euro-Kraft. Das ist immer noch
besser, als hier bei den Schweinen zu sein."
Das ist nicht besonders religiös, es ist relativ prag-
matisch.

Wäre das eine religiöse Geschichte, müsste der Rückweg
des Sohnes zum Vater jetzt ganz lang und breit beschrieben werden. Es müsste beschrieben werden, wie er sich
zurückkämpft, steile Berge erklimmt, durch Flüsse watet,

Schneewehen und Stürmen trotzt und es wird immer schlimmer und schwieriger. Nichts davon wird gesagt. Der nächste Satz der Geschichte lautet:

„Als der Vater ihn von ferne sah …"

Das heißt doch wohl, dass der Vater seit dem Moment, in dem sein Sohn verschwunden ist, nicht aufgehört hat, auf den Punkt am Horizont zu starren, an dem sein Sohn verschwunden ist.

Er saß auf einem Hocker am Rand des Hofes, er wurde zum Gespött seiner Leute, die sagten: „Der Alte, glaubt der immer noch, dass sein Sohn zurückkommt? Der spinnt!"

„Als der Vater ihn von ferne sah – rannte er auf ihn zu."

So ein antiker Großgrundbesitzer, der rennt nicht.

Der schreitet.

Aber dieser Vater rennt.

Er rennt auf den Sohn zu, der ist noch hundert Meter vom Hof weg, er rennt auf ihn zu, bis er ihm ganz nah ist.

Dann umarmt er ihn und lässt ihn eine ganze Weile nicht mehr los.

Und der „duftete" nach Schwein!

Dann taucht das Gesicht des Sohnes aus den Gewandfalten des Vaters auf, hochrot, und jetzt kommt etwas sehr Religiöses, der Sohn sagt nämlich – und ich stelle mir vor, in einem fast gottesdienstlichen Tonfall:

124

„Vater, ich habe gesündigt vor dir und dem Himmel, ich bin es von jetzt an nicht mehr wert, dass ich dein Sohn heiße."

Wäre das eine religiöse Geschichte, müsste der Vater Folgendes antworten:
„Also gut. Du hast wahre Zerknirschung gezeigt, dann wollen wir es noch mal probieren. Ich bin ja kein Unmensch. Du kannst im Stall anfangen, dich langsam hocharbeiten. Und falls du dich bewährst – also anders als beim letzten Mal –, falls du dich bewährst, können wir langsam wieder ins Gespräch kommen."

Stattdessen sagt der Vater:

„Bringt schnell das Festgewand! Holt das gemästete Kalb, um ein großes Fest zu feiern! Steckt meinem Sohn den Siegelring an den Finger!"

So ein Siegelring, das war so etwas Ähnliches wie eine Mastercard Gold.
Damit konnte man Verträge unterzeichnen – im Namen des Vaters.
Das heißt, der Sohn ist vom ersten Moment seiner Rückkehr auf den Hof an wieder in die vollen Sohnesrechte eingesetzt.

Was wäre, wenn die Liebe Gottes wirklich so wäre?

Es gibt noch eine traurige Pointe der Geschichte, es gibt nämlich noch einen älteren Sohn auf dem Hof. Der kriegt das Ganze mit und fängt an, sich zu beklagen: „Das geht doch nicht, mein Bruder war weg, nun kommt er wieder, und nun scheint es so, als ob überhaupt nichts gewesen wäre. Das kann doch nicht wahr sein! Das muss doch irgendwie ausgeglichen werden, bestraft werden."

Das ist immer eine Sorge von mir:
Wenn Menschen anfangen, der unbedingten Liebe Gottes zu vertrauen, und dann auf einen solchen älteren Bruder treffen.
Der Sätze sagt wie: „Ja, ja, Gott liebt dich, *aber* ..."
Ganz gefährliche Sätze.
Wenn überhaupt, dann kann man sagen:
„Gott liebt dich *und* diese Liebe wird dich verändern."
Natürlich, bedingungslose Liebe verändert stärker als alles andere.
Sie verändert stärker als jeder moralische Appell.
Bedingungslose Liebe krempelt ein ganzes Leben um.

Warum erzähle ich diese Geschichte und was gefällt mir daran am besten?
Am besten gefällt mir, dass Jesus sie erzählt.
Ich glaube, Jesus beschreibt damit, wer er ist:

Jesus, das ist Gott, der Vater, der auf uns zurennt und uns in die Arme nimmt, egal, woher wir kommen, egal, wie wir riechen, und egal, was wir zu bieten haben.

Mit einer solchen Botschaft macht man sich gerade bei sehr religiösen Leuten nicht gerade beliebt.

Ein Geschehen

Was Jesus sagt, untergräbt das religiöse System seiner Zeit, auch das politische System seiner Zeit, deswegen wird er den Autoritäten unliebsam. Die Stimmung wendet sich gegen ihn, ein paar Leute finden sich zusammen, die versuchen, ihn aus dem Weg zu räumen, als vermeintlichen Aufrührer und Staatsverbrecher.

Ihm wird der Prozess gemacht, mit irgendwelchen fadenscheinigen Zeugenaussagen wird er verurteilt.
Er wird verprügelt,
ausgepeitscht,
verspottet.
Die Menschen, die ihm ein paar Tage vorher noch zugejubelt haben, gucken und gaffen.
Dann wird er aus der Stadt hinausgetrieben, und es wird ihm ein schwerer Holzbalken auf die Schultern gelegt, den er aus der Stadt hinaustragen muss.
Vor der Stadt angekommen wird er auf diesen Holzbalken gelegt. Ein anderer Holzbalken wird darübergelegt, sodass eine Art t-förmiges Kreuz entsteht.
Darauf wird er genagelt, die ganze Konstruktion wird aufgerichtet.
Und da hängt er
und stirbt
einen sehr langsamen und schmerzhaften Tod.

Das soll Gott sein?

Ja.

Aus christlicher Sicht ist es Gott, der da hängt.

Warum?

Warum das Kreuz?

Der griechische Philosoph Sokrates soll ein paar
Hundert Jahre vor Christus gesagt haben:

*„Was würde eigentlich passieren, wenn eines Tages mal ein
vollkommen integrer, vollkommen anständiger Mensch
aufträte? Dann",* hat Sokrates gesagt, *„würden die Menschen das vermutlich nicht ertragen. Sie würden ihn wahrscheinlich hinrichten."*

Das hat was, wenn man an Jesus denkt.

Aber es wäre nur ein kleiner Aspekt, der das Ungeheuer-
liche seines Todes erklären könnte. Bliebe es dabei, wäre
Jesus nur einer in einer langen Reihe von Leuten, die wir
bewundern und die zu Unrecht und feige umgebracht
worden sind, wie z.B. Martin Luther King oder Dietrich
Bonhoeffer.

Aus christlicher Sicht bedeutet der Tod von Jesus aber
noch viel mehr.

Er bedeutet etwas für unsere Beziehung – untereinander,
aber auch zu Gott.

Aus christlicher Sicht ist dieser Tod ein stellvertretender
Tod.

Jesus hängt da
und übernimmt die Konsequenzen unserer Gebrochen-
heit,
übernimmt die ganze Dunkelheit des menschlichen
Lebens in dieser Welt.
All das, was in Beziehungen kaputt ist,
was im menschlichen Leben kaputt ist,
trägt er auf seinen Schultern,
damit unser Weg zu Gott frei ist.

Wie hat man sich das vorzustellen?
Wie kann ein Mensch meine Verantwortung tragen?
Wie kann ein Mensch die Konsequenzen meines Lebens
auf seine Schultern nehmen?
Wie soll das funktionieren, und wenn das funktionieren
könnte, wäre das nicht, wie mal eine Studentin zu
mir sagte, ein unmoralisches Angebot, wenn jemand
verspricht, die Verantwortung für mein Verhalten zu
tragen?

Überall da, wo man sich liebt, leidet man unter den
Fehlern anderer.
Überall da, wo man sich wirklich liebt, gibt es auch
stellvertretendes Leiden.[19]

Ein Mann liebt eine Frau, er ist bis über beide Ohren
in sie verliebt.
(Man könnte die Geschichte mit umgekehrter Rollenver-
teilung auch erzählen, ich erzähle sie jetzt mal so.)
Ein Mann ist also unglaublich verliebt in diese Frau,

die beiden kommen zusammen, sie heiraten, sie leben glücklich miteinander, der Mann ist überglücklich. Nach einigen Jahren beginnt er, im Verhalten seiner Frau Veränderungen festzustellen. Die er zuerst nicht wahrhaben will, die sich dann aber zu einer Gewissheit verdichten, die ihn erschreckt, nämlich, dass diese Frau Affären mit anderen Männern hat. Jeder, der schon einmal verliebt war, weiß, dass allein die Befürchtung einem den Boden unter den Füßen wegziehen kann. Die Frau ist manchmal tagelang weg, dann kommt sie wieder. Der Mann versucht, sie zum Gespräch zu bewegen, und stößt auf eine Mauer der Ablehnung.

Die Nachbarn und Freunde des Mannes sind immer erboster und machen ihm Vorwürfe: „Entschuldige mal, was lässt du denn da mit dir machen, es kann doch nicht sein, dass das Verhalten deiner Frau keine Konsequenzen hat, das kannst du doch nicht einfach so durchgehen lassen!" Irgendwann begreift die Frau, was sie ihrem Mann all die Zeit angetan hat, sie kommt zu ihm zurück, die beiden versuchen, ihre Ehe wieder in Gang zu bringen. Die Freunde und Nachbarn des Mannes sind nun noch ärgerlicher als vorher und sagen: „Das kann doch nicht sein, dass du ihr das alles durchgehen lässt! Das Verhalten deiner Frau muss doch irgendwelche Konsequenzen haben!"

Der Mann ist viel zu beschäftigt damit zu versuchen, seine Ehe wieder in Gang zu bringen, aber in dem Moment, in dem er über das nachdenkt, was seine

Nachbarn und Freunde sagen, denkt er, dass das gar nicht stimmt.

Es stimmt nicht, dass das Verhalten seiner Frau keine Konsequenzen hatte.
Nur: Er hat die Konsequenzen getragen.
Denn die Gefühle der Verbitterung und der Enttäuschung über die Untreue seiner Frau sind ja noch da, die sind nicht einfach weg.
Die Wunden sind noch da.
Er hat sich nur entschlossen, es ihr in keiner Weise zurückzuzahlen.
Deswegen bleibt ihm keine Wahl, als diese Verletzung einfach zu ertragen, abzuwettern, so wie ein Schiff, das im Sturm die Segel herunterlässt und wartet, bis der Sturm vorbei ist.

Das ist ein Bild – und wie jedes Bild hat es seine Grenzen – für das, was Gott in Jesus am Kreuz tut. Jesus sagt am Kreuz einen Satz, der Menschen immer wieder verblüfft hat. Er sagt nämlich:

„Mein Gott, warum hast du mich verlassen?"

Manche Menschen sagen:
„Na, da sieht man's ja, Jesus hat sich in seiner Mission eben doch getäuscht."
Ich sage, zunächst einmal zitiert Jesus hier ein alttestamentliches Gebet, den Psalm 22.
Er redet mit Gott, er klagt Gott sein Leiden.

Ich denke außerdem, dass es in gewisser Weise logisch ist, dass Jesus das sagt, auch wenn es zugleich atemberaubend ist.

Gott erlebt, wie es ist, von Gott verlassen zu sein

Wenn wir doch glauben, dass Gott am Kreuz die Dunkelheit der Welt, die Gottverlassenheit der Welt auf sich selbst nimmt – dann heißt das, dass Gott in Jesus am Kreuz erlebt, wie es ist, von Gott verlassen zu sein.

Gott selbst erlebt, wie es ist, von Gott verlassen zu sein, damit wir wissen, dass wir niemals wirklich von Gott verlassen sind.

Wir glauben das manchmal zu sein, aber wir sind es niemals wirklich. Gott erlebt das an unserer Stelle, sodass wir wissen dürfen, dass der Weg zu ihm jederzeit frei ist.

Das ist die Liebe Gottes, von der ich lebe und von der ich schwärme, weil sie mich trägt.

Eine Liebe, die un-bedingt ist, verlässlich und realistisch.

Ich bin überzeugt, wenn man diese Liebe an sich heranlässt, dann macht das auch etwas mit dem eigenen Verhalten anderen Menschen gegenüber. Dann weiß man auf einmal: So gut Beziehungen zu anderen Menschen sind, so erfüllend und so sinnstiftend, diesen Punkt können sie nicht ersetzen. Diese Liebe Gottes können sie nicht ersetzen. Wenn ich von einem Menschen erwarte, dass er mir das gibt, was mir eigentlich nur Gott geben kann, dann überfordere ich ihn heillos, und dann erwarte ich auch von der Beziehung etwas, was sie einfach nicht leisten kann.

Wenn ich erlebe, dass Gott mich so liebt, wie ich bin, und dass es nichts gibt, was ihn überfordert, weil er alles am Kreuz getan hat, dann ermöglicht mir das, auch andere Menschen mit ihren Macken, ihren Eigenheiten und manchmal sogar mit ihren handfesten Fehlern besser zu ertragen. Nicht, weil ich plötzlich irgendwie netter und toller wäre, sondern, weil mir die ganze Zeit das Gleiche passiert.

Ich werde die ganze Zeit ertragen und getragen.

Dadurch werde ich befähigt, auch andere Menschen besser zu ertragen.

Diese Liebe bietet Gott an, sie ist ein freies Angebot – und das Einzige und Erste, was Gott sich von uns wünscht, ist ...

... dass wir zu seiner Liebe Ja sagen.

Welchen Gott hätten Sie denn gern?

Über Bilder und Einbildung

Bestimmt ist Ihnen auch schon mal aufgefallen, dass man denselben Satz auf völlig verschiedene Weisen hören kann. Man kann ihn verschieden hören, wenn man ihn verschieden auffasst. Ein klassisches Beispiel ist das Ehepaar, das im Auto sitzt, das Auto steht an der Ampel, und die Ampel springt auf Grün. Ein Ehepartner – ich sage nicht, welchen Geschlechts – sagt zum anderen: „Schatz, es ist grün." Erste Variante: Der andere Ehepartner sagt: „Oh, danke, Schatz", und fährt los. Zweite Variante: Der andere Ehepartner sagt: „Fahr ich oder fährst du?" Es ist ein und derselbe Satz, aber man kann ihn völlig verschieden hören.[20]

Das gilt auch für einzelne Worte, zum Beispiel das Wort „Gott".
Ich würde viel darum geben zu wissen, was Sie denken, wenn Sie das Wort „Gott" lesen.
Welche Bilder entstehen bei Ihnen in Ihrer Vorstellung? Das wüsste ich gerne.

Wie ist das zum Beispiel mit dem Titel dieses Kapitels:

„Welchen Gott hätten Sie denn gern"?
Man kann darunter verstehen, dass etwas reklameartig
angepriesen werden soll, nach dem Motto: „Wie hätten
Sie es denn gern, mehr so oder lieber so, mehr traditio-
nell oder progressiv?" So kann man das verstehen.

Gott – eine Projektion?
Man kann den Titel auch im Sinne der klassischen
Religionskritik verstehen. Ausgehend von ihr könnte
man nämlich sagen:
„Da haben wir's wieder: Gott ist sowieso nur eine Erfin-
dung von Menschen."
Zur klassischen Religionskritik gehört ja die These:

„Was Menschen Gott nennen, ist eigentlich nur eine Erfin-
dung, es ist nichts als eine menschliche Projektion. Damit
ist gemeint: Gott ist eine Erfindung von Menschen, die mit
diesem Leben nicht klarkommen. Diese Menschen proji-
zieren Gott, d. h. sie malen ihn sozusagen an den Himmel.
Doch dieser Gott ist nur eine ins Unendliche vergrößerte
Version eines Menschen. Dahinter steht das Prinzip: Der
Mensch ist ein bisschen mächtig, Gott ist allmächtig; der
Mensch ist manchmal lieb, Gott ist immer lieb und so
weiter. Und Menschen brauchen das Bild dieses Gottes,
um mit ihrem Leben zurechtzukommen."

So lautet die These, die man üblicherweise Projektions-
theorie nennt und die sich in vergleichbarer Form bei
Ludwig Feuerbach und Karl Marx findet.

So weit die klassische Religionskritik. Natürlich kann man gegen diese Kritik doch einiges einwenden.

Erster Einwand: Die Projektionstheorie sagt nichts über die Wahrheitsfrage. Das heißt, sie setzt voraus, dass es Gott nicht gibt. Sie sagt also: „Ist doch klar, Gott gibt es nicht. Und jetzt überlegen wir mal, warum trotzdem so viele Menschen an ihn glauben." Wenn man das voraussetzt, dann ist es eine gute Erklärung, zu sagen: „Menschen brauchen nun einmal etwas, um mit ihrem Leben klarzukommen."
Aber die Erklärung *selbst* sagt darüber, ob es Gott nun gibt oder nicht, was nun die Wahrheit ist, überhaupt nichts aus.

Das eine hat mit dem anderen nichts zu tun. Denn selbst, wenn ich zeigen könnte, dass viele oder sogar alle Menschen ein Bedürfnis nach Gott haben und deswegen anfangen zu glauben, selbst *dann* hätte ich immer noch nichts darüber ausgesagt, ob es ihn wirklich gibt oder nicht.

Wenn ich erklären kann, wie jemand zu einer Auffassung kommt, habe ich damit noch nichts über den Wahrheitswert der Auffassung ausgesagt. Stellen wir uns vor, jemand sagt: „Ich glaube, morgen wird das Wetter wieder besser." Und jemand anderes entgegnet: „Das sagst du nur, weil du ein Mann bist!" Es kann schon sein, dass er das nur deswegen sagt. Es ändert aber nichts daran, dass das Wetter vielleicht tatsächlich besser wird. Das eine hat mit dem anderen einfach nichts zu tun.

Das ist also der erste Einwand gegen die Projektions-theorie. Selbst wenn man sagt, Gläubige haben ein Bedürfnis nach Gott – und vielleicht sind das sogar wirklich Leute, die mit ihrem Leben nicht richtig zu-rechtkommen –, ist damit noch nichts darüber ausgesagt, ob Gott existiert oder nicht.

Zweiter Einwand: Die Tatsache, dass ich ein Bedürfnis nach etwas habe, kann genauso gut ein Hinweis darauf sein, dass es dieses Etwas gibt.

Das ist ja bei meinen Bedürfnissen sonst auch so. Ich habe zum Beispiel das Bedürfnis nach Nahrung. Ich bin darauf angelegt, Nahrung zu brauchen – und es gibt Nahrung.
Oder: Ich bin ein soziales Wesen. Ich habe soziale Be-dürfnisse, ich brauche Kontakt mit anderen Menschen – und es gibt andere Menschen.
Meine Bedürfnisse geben mir normalerweise also gerade Aufschluss über die Wirklichkeit.[21]
Warum soll das bei der Gottesfrage auf einmal umge-kehrt sein? Warum soll hier auf einmal gelten:
„Du hast religiöse Bedürfnisse, *also* gibt es keinen Gott.“?
Das wäre so, als wenn man sagte: „Du hast Hunger, *also* gibt es kein Essen!“ (Es wäre jedenfalls nicht besonders nett, mir das zu sagen.)
Das eine hat mit dem anderen nichts zu tun.

Aus der Sicht des Glaubens ist es außerdem in gewisser Weise zu erwarten, dass Menschen ein Bedürfnis nach Gott haben. Wenn wir sagen – und sei es als Hypothese –, es gibt Gott, und Gott hat uns Menschen gemacht, dann ist doch zu erwarten, dass wir Menschen ein Bedürfnis danach haben, mit ihm in Kontakt zu sein. Weil wir auf ihn hin geschaffen sind. Das ist logisch.

Das Bedürfnis nach Gott ist aber wie gesagt kein Beweis für Gott, das behauptet auch niemand ernsthaft. Es ist allenfalls ein Hinweis. Beweisen kann man Gott nicht, aber beweisen kann man sowieso relativ wenig, was wirklich interessant ist.
(Hiermit entschuldige ich mich bei allen Naturwissenschaftlern – aber was für unser Leben wirklich interessant und von Bedeutung ist, kann man eigentlich nicht beweisen.)
Bedürfnisse sind kein Beweis für Gott, aber sie sind eben genauso wenig ein Gegenbeweis. Es kann also durchaus stimmen, wenn jemand zu einem Glaubenden sagt: „Du hast ein Bedürfnis danach, dass dir jemand hilft, mit diesem Leben klarzukommen, und deshalb brauchst du einen Gott, obwohl es gar keinen gibt."
Das ist durchaus möglich – dieses Bedürfnis kann aber genauso gut auch ein Hinweis auf die Wirklichkeit namens Gott sein.

Das sind die beiden klassischen Einwände gegen die Projektionstheorie: Erstens, sie sagt nichts zur Wahrheitsfrage, und zweitens, die Tatsache, dass ich ein

Bedürfnis nach Gott habe, muss zwar nicht, kann aber auch ein Hinweis auf die Existenz Gottes sein.

Mein persönlicher Einwand (Nr. 3) – und der ist mir an dieser Stelle noch wichtiger – lautet:
Projektion, also das, was in meiner Vorstellungswelt passiert, kann sogar ein *Hindernis* für den Glauben sein.

Was uns am Glauben hindert

Denn die Frage ist ja: Was ist eigentlich das größte Hindernis auf dem Weg zum Glauben?
Wie kommt es, dass viele Menschen es schwierig finden zu glauben, gerade in unserer Gesellschaft?
Ist das größte Hindernis der Verstand?

Bei allem Respekt, aber das glaube ich nicht. Und das sage ich als jemand, der viel Spaß hat an verstandesmäßiger Auseinandersetzung mit Glaubensfragen. Ich bin ein großer Freund davon, zu argumentieren und zu diskutieren. Gerade weil ich von der Wahrheit des Glaubens überzeugt bin, möchte ich mir jede Anfrage, jede Kritik, jeden Einwand anhören. Es lohnt sich, darüber zu reden, weil ich überzeugt bin, dass beim Glauben verstandesmäßige Auseinandersetzung einfach dazugehört.

Deswegen bin ich für intellektuelle Auseinandersetzungen. Ich bilde mir ein, dass ich das zu Beginn dieses Kapitels in der Auseinandersetzung mit der klassischen Religionskritik – zumindest ansatzweise – demonstriert habe. Aber: Die verstandesmäßige Auseinandersetzung ist nicht das Einzige. Und ich bin überzeugt, dass vernunftbedingte Hindernisse auf dem Weg zum Glauben nicht die größten Hindernisse sind, schon gar nicht die einzigen Hindernisse.

Die vielleicht bedeutsamsten Hindernisse für viele Menschen auf dem Weg zum Glauben sind auf einer ganz anderen Ebene.
Ich denke, sie sind auf der Ebene der Bilder.
Die Bilder, die wir in uns tragen, können uns hindern, Gott zu vertrauen.

Das sind zum einen Bilder, die auf den ersten Blick scheinbar gar nichts mit Gott zu tun haben. Zum Beispiel das Bild von Liebe, das jemand hat. Ich weiß noch, wie ich mit einem Studenten an einer Uni im Ruhrgebiet über diese ganze Thematik geredet habe, über Gott und Glaube und die Liebe Gottes. Irgendwann sagte dieser Student: „Aber, Moment mal, letzten Endes ist doch Liebe immer egoistisch." Und ich erwiderte ihm: „Ach so! Deswegen hast du damit Schwierigkeiten. Wenn du die Erfahrung gemacht hast, dass Liebe letzten Endes immer egoistisch ist, dann sagt dir der Begriff ‚Liebe Gottes‘ natürlich nichts, weil du mit der Vorstellung von ‚sich verschenkender Liebe‘ überhaupt nichts anfangen kannst." Na klar. Das lag aber nicht an Gott oder am Glauben, sondern an dem, was dieser Mensch erfahren hatte.

Vielleicht ist es auch das Bild von Autorität, das man mit sich herumträgt. Vor einer ganzen Weile bin ich in meinem derzeitigen Wohnviertel spazieren gegangen und einige Meter vor mir lief eine Familie. Vater, Mutter und zwei Kinder. Die Kinder, so im Alter von drei, vier Jahren, fuhren Roller und Kinderfahrrad. Vater und Mutter stritten sich gerade. Ich konnte nicht hören, um was es ging, aber ich konnte am Tonfall mitbekommen, dass sie sich stritten. Irgendwann fuhr eine der Töchter mit ihrem Roller zu ihrem Vater und flüsterte ihm irgendetwas ins Ohr. Der Vater reagierte laut und hart: „Du mit deinem unverschämten Benehmen solltest aufpassen, dass du dir keine fängst, kleines Fräulein!" Das sagte er zu seiner vielleicht vierjährigen Tochter.

Vielleicht hatte der Vater einen schlechten Tag. Ich stelle mir nur vor, dass er immer so ist. Und ich stelle mir vor, dieses Mädchen wird irgendwann eine junge Frau, geht in einen Gottesdienst und hört: „Gott ist wie ein allmächtiger Vater." Dann könnte ich verstehen, wenn etwas in ihr sagt: „Nein danke, ich hatte schon einen."

Erstens gibt es also Bilder, die scheinbar nichts mit Gott zu tun haben, zweitens gibt es Probleme bei gängigen Bildern von Gott selbst. Zwei in unserer Gesellschaft und in unserem Umfeld gängige Bilder möchte ich Ihnen vorstellen.

Gängige Bilder von Gott

Das erste ist das Bild des fernen Gottes, der ganz weit weg ist.

Vielleicht hat er ja irgendwann einmal die Erde erschaffen, aber damit ist sein Engagement schon erledigt. Es ist ein Gott „hinterm Sternenzelt", dieses höhere Wesen, dass es ja geben muss und das man gerne mit „Herrgott" tituliert, das auch mal romantische Gefühle auslöst, wenn man durch einen sonnendurchfluteten Eichenwald geht, das aber keinerlei Interesse an uns und damit auch keinerlei Auswirkung auf unser alltägliches Leben hat. Dieser Gott ist weit weg. Auf dieses Gottesbild trifft zu, was Woody Allen einmal gesagt hat:

„Natürlich gibt es eine jenseitige Welt, die Frage ist nur, wie weit ist sie von der Innenstadt entfernt, und wie lange hat sie offen?"

Mit anderen Worten: Wenn es so etwas gibt wie die Liebe eines nahen Gottes, dann muss sie auch in unserem Alltag erlebbar sein – warum soll ich mich denn sonst damit beschäftigen?

Beim Bild des fernen Gottes kann ich verstehen, wenn Leute sagen: „Ob es den gibt oder nicht, warum soll ich mich damit auseinandersetzen? Das macht doch keinen Unterschied für mich."

Dieses Bild wird leider auch durch die Art und Weise, wie in der Kirche oft über Gott gesprochen wird, propagiert. Das sage ich auch selbstkritisch – ich gehöre ja

selbst zur evangelischen Kirche und muss versuchen, es besser zu machen. Aber ich denke, Sie wissen, was ich meine, wenn ich sage: Das ist der „Wort zum Sonntag"-Gott. Auch wenn das „Wort zum Sonntag" in Wirklichkeit vielleicht gar nicht so schlecht ist. Aber die klassische Vorstellung ist doch: Drei Minuten Besinnlichkeit, und dann heißt es ganz zum Schluss ein wenig verschämt: „Und sollten wir nicht mal hin und wieder ein kleines bisschen nachdenken über – Gott?" Das reißt einen nicht wirklich vom Hocker. Wenn dieses Bild in den Köpfen von Menschen ist, dann kann ich verstehen, dass sie sagen: „Warum soll ich mich damit beschäftigen?"
Der ferne Gott ist nicht interessant.

Allerdings ist dieses Bild noch vergleichsweise harmlos.

Das *zweite Bild*, das zum Teil ebenso gängig ist, ist weniger harmlos.
Das ist das Bild des fordernden Gottes.

Fragt die Lehrerin in der Schule: „Was ist Religion?"
Meldet sich Klein-Fritzchen: „Religion ist das, was man nicht darf."

Dieses Bild ist in den Köpfen immer noch weit verbreitet. Es begegnet mir oft, wenn Leute merken, dass ich Theologe bin. Auf einmal werden sie ganz höflich und angespannt. Oder sie schauen mich schräg von der Seite an und scheinen zu befürchten, dass ich gleich etwas ganz Seltsames sagen werde. Der fordernde Gott – für manchen ist dieses Bild regelrecht bedrückend. Wenn er nämlich eine entsprechende Sozialisation hinter sich hat. Dann kann es sein, dass in ihm das Bild von einem Gott herrscht, der sagt:

„Ich sehe dich ständig. Ich sehe, was du tust und was du denkst, du kannst mir nicht entkommen. Ich stelle Gebote auf, die so schwer sind, dass du sie nicht einhalten kannst, und wenn du sie nicht einhältst, dann mache ich Druck. Ich ziehe vor deinen Füßen eine schnurgerade Linie, und wenn du von dieser Linie auch nur einen Millimeter nach links oder rechts abweichst, dann kriegst du mächtig Ärger."

Vielleicht kommt es Ihnen abwegig vor, so von Gott zu denken. Das würde mich freuen. Es gibt aber Menschen, für die ist es nicht abwegig, weil sie mit genau diesem Bild von Gott aufgewachsen sind. Wenn sie sich dann dennoch ein weiteres Mal mit der Frage nach Gott auseinandersetzen, dann habe ich davor großen Respekt. Denn ich könnte verstehen, dass so jemand als erwachsener Mensch das alles endgültig hinter sich lassen möchte.

Die Frage ist nur: Was ist denn, wenn Gott ganz anders ist, als Sie bisher erfahren und gedacht haben?

Gott auf der Suche
Wenn wir Christen von Gott reden, dann meinen wir, dass die Instanz, die das Universum im Innersten zusammenhält, am zutreffendsten beschrieben wird, wenn wir sie als personal beschreiben, also als persönlich.

Gott ist kein Es, sondern ein Jemand, der ansprechbar ist, der Absichten hat, ja, sogar Gefühle und Sehnsüchte. Der Gott, an den wir Christen glauben, dem kann etwas fehlen.

Dem fehlt etwas, wenn er mit seinen Geschöpfen keinen Kontakt hat.

Dann hat er keine Lust mehr, der Chef des Universums zu sein und die Sterne von hier nach da zu schieben. Sondern er sagt sich:

„Dieser eine Mensch fehlt mir. Und solange ich nicht wieder mit ihm in Kontakt komme, suche ich nach ihm."

Jesus drückt das an einer Stelle ganz drastisch aus. Er sagt:

„Wisst ihr was? Gott ist wie eine Frau." [22]

„Was!?", sagen die Leute. „Ja", sagt Jesus, *„Gott ist wie eine Frau – wie eine Frau, die zehn silberne Münzen besitzt. Und diese Münzen sind ihr ein und alles."* Ich stelle mir die Frau vor: Eines Morgens steht sie auf, geht zu ihrer Kommode, macht die oberste Schublade auf, holt ein kleines Kästchen heraus, in dem sie ihre zehn silbernen Münzen aufbewahrt, macht es auf und freut sich und strahlt und streichelt ihren „großen Schatz". (Vielleicht ist sie aus Schwaben?) Und sie zählt: „Eins, zwei, drei, vier, fünf, sechs, sieben, acht, neun, zehn." Wunderbar, alle noch da. Kästchen zu, in die Schublade rein, Schublade zu, und dann fängt sie zufrieden an mit ihrer Hausarbeit.

Am Abend kommt sie wieder, ihr erster Gang innerhalb der Wohnung führt sie wieder zur Kommode. Sie macht die Schublade auf, holt das Kästchen raus, sie sieht die silbernen Münzen, freut sich, strahlt und zählt.

„Eins, zwei, drei, vier, fünf, sechs, sieben, acht, neun … Eins, zwei, drei, vier, fünf, sechs, sieben, acht, neun … Oh nein! Eine fehlt! Wo ist sie denn hin, heute Morgen habe ich das Kästchen noch zugemacht, und ich kann mich nicht erinnern, dass da eine Münze gefehlt hat."

Mitten in der Nacht macht sie Licht, sie stellt das ganze Haus auf den Kopf, rollt die Teppiche zur Seite, rückt die Möbel von der Wand, schiebt die Tische zur Seite und sucht und sucht und sucht. Bis sie irgendwann diese eine Münze wiedergefunden hat.

Und was tut eine Frau, wenn sie etwas wiederfindet, was sie lange vermisst hat?

Das haben mir führende Frauen bestätigt …

Sie ruft alle ihre Freundinnen und Nachbarinnen zusammen und feiert ein großes Fest.

Sie sagt: „Meine Münze! Mein Erbstück, mein Schatz, den ich so sehr vermisst habe, diese eine Münze, endlich habe ich sie wiedergefunden. Kommt, feiert mit mir!"

Das Witzige ist:

Jesus erzählt diese Geschichte, um deutlich zu machen: Genauso sucht Gott nach jedem einzelnen Menschen. Wenn ihm auch nur der Kontakt zu einem einzigen Menschen abhandengekommen ist,

wenn auch nur ein einziger Mensch sich von Gott entfremdet hat, sich von ihm abgewandt

oder angefangen hat, ihm zu misstrauen,

dann lässt das Gott keine Ruhe, und er läuft ihm nach und sucht diesen einen Menschen,

bis er ihn gefunden hat.

Weil er jedem einzelnen Menschen mit seiner Liebe begegnen will und jeden einzelnen Menschen unendlich wertvoll findet.

Das ist der Gott, an den wir Christen glauben.

Der Gott, der selbst Mensch geworden ist, um Kontakt zu knüpfen mit seinen Geschöpfen.

Denn warum sonst, nach christlicher Auffassung, sollte Gott auf die Idee kommen, Teil seiner eigenen Schöpfung zu werden? Was bringt ihn dazu?

Ich möchte das mit einem Bild verdeutlichen, das ein bisschen Fantasie erfordert und, ehrlich gesagt, auch ein bisschen banal ist. Aber ich finde, es ist eine gute Veranschaulichung.

Stellen wir uns vor, da gibt es ein paar Ameisen, die leben auf meiner Handfläche.[23] Sie unterhalten sich über die Existenz von Matthias Clausen (das bin ich).

Es gibt ein paar sehr gläubige Ameisen, die sagen: „Ich bin sicher, dass Matthias Clausen existiert, ich kann ihn deutlich spüren." Dann gibt es andere Ameisen, die sind sich da nicht so sicher und sagen: „Wer weiß … vielleicht ist Matthias Clausen ja auch nur eine Illusion."

Nun kommt das Bild an eine erste Grenze. Stellen wir uns jetzt vor: Ich liebe diese Ameisen. Heiß und innig. Ich möchte mit ihnen Kontakt aufnehmen, mich ihnen eindeutig mitteilen, in ein Gespräch mit ihnen eintreten, damit sie lernen, mir zu vertrauen. Ich möchte mich eindeutig mitteilen. Nun habe ich mehrere Möglichkeiten. Die erste Möglichkeit: Ich klatsche einmal fest die Hände zusammen. Damit habe ich mich eindeutig mitgeteilt, aber das Gespräch ist damit auch schon wieder vorbei. Die zweite Möglichkeit: Ich sage laut: „Hallo?" Nun sind die Ameisen wahrscheinlich taub. (Ich habe ja gesagt, dass das Bild ein wenig banal ist.) Die dritte Möglichkeit: Ich müsste es schaffen, irgendwie auf ihre Ebene zu kommen, also eine von ihnen zu werden, damit wir uns auf Augenhöhe begegnen können. Damit ein echtes Gespräch überhaupt erst stattfinden kann.

Das ist wie gesagt ein Bild, mit allen Grenzen, die ein Bild hat, für das, was Gott nach christlicher Auffassung getan hat.
Gott kommt in Jesus Christus auf unsere Augenhöhe, um das Gespräch mit uns zu eröffnen, weil er sagt:

„Ihr fehlt mir. Ich möchte Kontakt mit euch. Ich komme in einer Art und Weise, die ihr verstehen könnt, damit ihr lernt, mir zu vertrauen."

Ich finde, es kann einem nichts Besseres passieren, als auf dieses Angebot Gottes einzugehen.

Jenseits der Löffel-Liste.

Über Hoffnung und Halt

Es ist ein bisschen aus der Mode gekommen, große Fragen an das Leben zu stellen. Darüber habe ich schon ziemlich zu Beginn dieses Buches gesprochen – dass wir skeptisch geworden sind gegenüber den großen Antworten, die auf die großen Fragen üblicherweise gegeben worden sind. Und dass ich trotzdem dafür bin, sich den Luxus zu gönnen, einmal tiefer nachzufragen:

Was will ich eigentlich mit meinem Leben?

So zu fragen, ist vielleicht auch deshalb nicht so naheliegend, weil man doch den Eindruck gewinnen kann: Eventuell sind gerade die einleuchtendsten Antworten auf die großen existenziellen Fragen – ziemlich alltäglich.

Was macht mein Leben lebenswert?

Manche von uns würden sagen: „Mein Leben wird lebenswert, wenn ein Mensch, der ungemein sympathisch ist, mich plötzlich anlächelt."

Oder andere würden sagen: „Mein Leben wird lebenswert, wenn ich meinen USB-Stick nehme, damit zum Copyshop gehe und wenige Minuten später einen Packen druckfrischer Seiten in der Hand halte, die seriös

und wissenschaftlich aussehen. Ich hefte sie zusammen, stecke sie in einen Umschlag, gebe sie beim Prüfungsamt ab und zwinge mich, erst zwei Tage später in meinem Computer nachzuschauen, welche Tippfehler ich alle übersehen habe. Das macht mein Leben lebenswert."
Andere Menschen, und dazu zähle ich auch mich selbst, würden sagen: „Absolute Entspannung, die mein Leben lebenswert macht, sieht ungefähr so aus: Ein großer Becher schwarzer Kaffee, Nugatschokolade und die Zeitschrift ‚Gitarre und Bass‘."
Eine nicht sehr sinnvolle Zeitschrift, die absolut unnötige Bedürfnisse nach neuen Gitarren weckt.
Wahlweise könnte ich auch die „Macwelt" nennen, eine ähnlich überflüssige Zeitschrift, die nur unnötige Bedürfnisse nach neuen silbernen Laptops weckt.

Andere Leute sagen – das habe ich jedenfalls mal im Internet aufgeschnappt: „Mein Leben wird lebenswert, wenn ich den FC Bayern verlieren sehe. Das ist einfach schön." Man merkt: Menschen geben unterschiedliche Antworten auf die Frage nach dem lebenswerten Leben, und diese Antworten sind oft ganz unscheinbar, ganz alltäglich.

Durchs Internet geistert ein Text von dem argentinischen Schriftsteller Jose Luis Borges, der hat den Titel: „Wenn ich noch einmal leben könnte". Es gibt eine ganze Reihe Abwandlungen dieses Textes von Menschen, die sich diesen Text angeeignet haben und sich gegen Ende ihres Lebens fragen, im Alter von 80, 90 Jahren: „Was würde ich anders machen, wenn ich noch einmal leben könnte?" Sie sagen, so ähnlich wie dieser argentinische Schriftsteller:

„Wenn ich noch einmal leben könnte, würde ich alles etwas weniger ernst nehmen. Ich würde mehr Eis essen gehen. Ich würde mir weniger Stress machen. Ich würde nicht mehr überallhin Aspirin mitnehmen. Ich würde nicht alle Versicherungen abschließen. Ich würde mehr mit Kindern spielen. Ich würde zu weniger Meetings gehen." Und so weiter.

Wir haben also durchaus eine Vorstellung davon, was unser Leben lebenswert macht. Deswegen denken wir, dass wir die großen Antworten vielleicht gar nicht brauchen. Ich bin nun, wie gesagt, trotzdem dafür, die großen Fragen an das Leben zu stellen.

Die große Frage: Was ist eigentlich der tiefe Sinn und das letzte Ziel meines Lebens?

Ich bin dafür, diese große Frage zu stellen, aus dem simplen Grund, weil wir es *können.* Und bei allem Respekt vor animalischer Intelligenz: Ich glaube, diese Fähigkeit hat ein Tier so nicht. Wenn ich jetzt an den Sympathieträger kurz nach der Jahrtausendwende denke, den Bären Knut, dann glaube ich nicht, dass er sich fragt: „Was mache ich hier eigentlich in meinem Gehege? Warum starren mich so viele Menschen an?" Wir dagegen können solche Fragen stellen.

Und weil wir das können, werbe ich dafür, dass wir es tun.

Wie kommt man also zu einer Antwort?
Wie komme ich zu einer tiefer gehenden Antwort, die über die genannten netten, aber kurzfristigen alltäglichen Erfüllungen hinausgeht?

Das Ende einkalkulieren
An diesem Punkt möchte ich eine These aufstellen, die noch über das hinausgeht, was ich in den ersten Kapiteln dieses Buches über die Sinnfrage gesagt habe. Die These lautet:

Eine tragfähige Antwort auf die Frage: „Was ist eigentlich das Ziel und der Sinn meines Lebens?" bekomme ich nur, wenn ich einkalkuliere, dass mein Leben begrenzt ist. Irgendwann ist mein Leben vorbei und der Tod wartet auf mich.

Ich kann verstehen, wenn Sie an dieser Stelle innerlich durchatmen und sagen:
„Es fing so harmlos an, und jetzt geht es auf einmal um den Tod – nicht irgendeinen, nein, meinen?
Ist das nicht ein so schweres Thema, das man lieber auf später verschieben sollte?
Und ist es nicht ein bisschen typisch, dass in einem Buch über Glaubensfragen am Ende doch noch die Frage nach dem Tod auf den Tisch kommt?"

Ich rede nicht vom Tod, weil ich eine pessimistische Grundstimmung hätte. Sondern ich glaube, es ist schlicht eine Frage des Realitätssinnes einzugestehen, dass unser Leben begrenzt ist. Wenn ich ein tragfähiges Lebenskonzept haben möchte, das mir wirklich hilft, mit diesem Leben, so wie es nun einmal ist, klarzukommen, dann muss darin auch einkalkuliert sein, dass mein Leben irgendwann zu Ende ist.

Es ist nicht so leicht, das zu denken und an sich heranzulassen.
Das hat schon Sigmund Freud beobachtet. Er hat einmal nüchtern festgestellt:

„Die meisten Menschen glauben nicht an ihren eigenen Tod."

Wenn man sich bei einer Party so richtig unbeliebt machen will, muss man einfach nur einen anderen Gast fragen, den man noch nicht kennt: „Wie gehst du eigentlich mit der Tatsache um, dass du einmal sterben wirst?" Das ist kein besonders charmanter Gesprächseinstieg, das gebe ich zu. Aber eigentlich müsste es doch erlaubt sein, diese Frage zu stellen. Wir neigen dazu, das Thema Tod entweder ganz zu verschweigen oder es zu verharmlosen. Woody Allen hat die Einstellung vieler seiner Zeitgenossen genial auf den Punkt gebracht:

„Ich habe keine Angst vorm Sterben. Ich möchte nur nicht dabei sein, wenn es passiert."

Wir neigen also dazu, das Thema von uns wegzuschieben oder es kleinzureden, aber es bleibt doch real.

Umso mehr Respekt habe ich vor Menschen, die sich genau das eingestehen – dass es eben nicht so leicht ist, über das eigene Sterben nachzudenken.
Ich habe mich am Rande einer Vortragsveranstaltung mal mit einer Studentin unterhalten, die mich beeindruckt hat durch ihre Offenheit und Ehrlichkeit. Sie hat sinngemäß Folgendes gesagt: „Wenn ich das wirklich ernst nähme, dass ich irgendwann nicht mehr bin – das könnte ich gar nicht aushalten. Dass ich irgendwann nicht mehr existiere, das kann ich nicht denken. Wenn ich das wirklich an mich heranließe, dann müsste ich doch verrückt werden. Ich muss also zugeben, dass ich das Thema eher von mir wegschiebe."
Mich hat es beeindruckt, dass diese Frau das so offen zugab.
Es ist nicht leicht, an die Begrenztheit des eigenen Lebens zu denken.

Respektabel: Die Löffel-Liste
Nun gibt es respektable Versuche, genau damit umzugehen und dem begrenzten Leben, das wir haben, trotzdem möglichst viel Sinn und Erfüllung abzugewinnen.
Ein Paradebeispiel dafür ist die sogenannte „Löffel-Liste" aus dem Film „Das Beste kommt zum Schluss" mit Morgan Freeman und Jack Nicholson. Ein Film über zwei ältere Männer, die sich auf der Krebsstation im Krankenhaus kennenlernen. Der eine ist sehr wohl-

habend und ein bisschen unwirsch, der andere ist sehr sympathisch und überhaupt nicht wohlhabend. Einer von beiden fängt an, die sogenannte „Löffel-Liste" zu schreiben, das heißt, die Liste der Dinge, die er noch tun und erleben möchte, bevor er den Löffel abgibt. Weil der eine sehr wohlhabend ist, können sie anfangen, sich in ihrer begrenzten Lebenszeit noch möglichst viele von diesen Träumen zu erfüllen. Sie steigen auf einen Berg, machen eine Weltreise, einen Fallschirmsprung und so weiter.

Der Begriff „Löffel-Liste" geistert seitdem auch durchs Internet. In Foren stellen sich Menschen gegenseitig ihre Löffel-Listen vor. Ich habe ein paar von diesen Einträgen gesammelt. Da schreibt jemand:
„Ich möchte noch in der Transsibirischen Eisenbahn sämtliche Teesorten des Orients kennenlernen."
Oder: „Perfekten Tango aufs Parkett zaubern."
Oder: „Regisseur sein und einen tollen Film drehen."
Oder: „Einen Fallschirmsprung absolvieren."
Oder: „Auf den Großglockner steigen."
Oder jemand schreibt: „Ich möchte erleben, dass mich eine Frau mal länger als drei Monate aushält."
Jemand anderes schreibt: „Ich möchte, bevor ich sterbe, den endgültigen Abschluss der Star-Trek-Serie erleben."
Das sind Eintragungen aus verschiedenen Löffel-Listen.

Was steht auf Ihrer Löffel-Liste?
Was möchten Sie im Laufe Ihres begrenzten Lebens noch gerne tun oder erleben?

Ich finde das, wie gesagt, einen sehr beachtlichen Versuch, ganz ehrlich, ganz realistisch, ohne verkrampft zu sein, heiter, aber doch ernsthaft mit dieser Frage umzugehen.

Meine Frage ist nur:
Reicht das?
Reicht das, um mit der Tatsache klarzukommen, dass eines Tages unser Leben beendet ist?
Reicht das aus, so respektabel es ist?

Was wäre, wenn es einen Grund zur Hoffnung noch darüber hinaus gäbe?
Mal ganz hypothetisch:
Was wäre, wenn es einen Grund zur Hoffnung noch über die Grenzen des Lebens hinaus gäbe und wir nicht irgendwann sagen müssten: „Na ja, mein Leben war zwar ganz schön, aber es ist vorbei, und damit verpufft es auch im Universum, es ist und bleibt aufs Ganze gesehen sinnlos."?
Was wäre, wenn wir das nicht sagen müssten, sondern eine Hoffnung über den Tod hinaus hätten, und diese Hoffnung wäre begründbar, für denkende Menschen dieses 21. Jahrhunderts?

Meine Überzeugung ist:
Wenn wir eine solche Hoffnung hätten, dann würde sie etwas mit dem Leben schon hier und jetzt machen. Eine begründete Hoffnung über den Tod hinaus macht etwas mit dem Leben vor dem Tod.

Gibt es ein Leben vor dem Tod?
Ich glaube, ja. Wenn wir eine Hoffnung über den Tod
hinaus haben, verändert sie schon das Jetzt.

Hoffnung braucht ein Außen

Ich weiß, dass es verrückt klingt, ernsthaft von einer
Hoffnung über den Tod hinaus zu reden. Zumindest
klingt es ein bisschen abseitig und daher möchte ich
eins vorwegnehmen:

Wenn wir von Hoffnung reden, dann reden wir automatisch immer über etwas, das wir selber nicht im Griff
haben, etwas, das außerhalb unser selbst liegt.
Das steckt schon in der Bedeutung des Begriffs Hoffnung drin. Es macht zum Beispiel keinen Sinn zu sagen:
„Ich hoffe, dass ich jetzt gleich meinen Arm hebe."
Das kriege ich in aller Regel selber hin, es ist also keine
Frage der Hoffnung, sondern des Entschlusses. Es macht
eigentlich auch keinen Sinn zu sagen: „Ich hoffe, dass
ich morgen früh pünktlich aufstehe", beziehungsweise,
wenn ich das sage, kann ich suggerieren, dass ich gegen
überpersonale Mächte ankämpfe, wenn ich versuche,
morgens früh aufzustehen.

(Das könnte auch der Grund sein, warum manche Studierende das so schnell nicht schaffen, weil sie immer
mit diesen überpersonalen Mächten zu tun haben ...)

Also, Hoffnung hat immer mit etwas zu tun, was ich
selbst nicht kontrollieren kann.

Wenn ich etwas kontrollieren kann, hat das umgekehrt eben nichts mit Hoffnung zu tun.

Stellen Sie sich vor, Sie liegen im Krankenhaus und Ihr Blinddarm soll operiert werden. Das ist heutzutage eine Standardoperation, keine Schwierigkeit, und während Sie also in die Vollnarkose wegdämmern, sagen Sie noch zum diensthabenden Arzt: „Ich hoffe, dass diese Operation gut verläuft." Und Sie hören ihn gerade noch antworten: „Das hoffe ich auch." Die Operation ist eigentlich für den Chirurgen kein Anlass zur Hoffnung, sondern er geht mit Routine und Zuversicht an die Sache heran. Wenn er hier also seiner Hoffnung Ausdruck gibt, müsste es Ihnen Sorgen machen. Hoffnung bezieht sich immer auf etwas, das von außen kommt und nicht verfügbar ist.
Bei der Hoffnung über den Tod hinaus geht es per Definition also um etwas, das ich selber nicht kontrollieren kann, weil ich nach dem Tod nun mal zunächst nicht mehr da bin.

Ich brauche also eine Hoffnung auf etwas, das außerhalb meiner selbst liegt, und diese Hoffnung muss wirklich gut begründet sein.

Da sitzen sie zusammen,
senken den Kopf,
scharren manchmal mit den Füßen,
knibbeln an ihren Fingernägeln,
schauen nach unten,

schweigen.
Manchmal seufzen sie,
manchmal schaut einer auf,
sagt ein Wort, einen Satz,
dann schweigt er wieder.
Der Tod macht nüchtern.

Phrasen und leere Sätze sind jetzt nicht willkommen.
Sie haben es ja gesehen, dass derjenige, auf den sie ihre
ganze Existenz gesetzt hatten, die eine Karte, auf die sie
alles gesetzt hatten, dass derjenige gestorben ist.
Sie haben gesehen, dass er hingerichtet wurde am Kreuz,
am Marterpfahl der Antike.
Mit der Todesstrafe bestraft, und er war wirklich tot.
Da sitzen sie, die Jünger von Jesus, an den Tagen nach
seiner Kreuzigung.
Sie haben erlebt, dass derjenige, von dem sie erwartet
hatten,
dass er die ganze Welt umkrempelt,
das neue Reich Gottes errichtet,
die römische Besatzungsmacht aus dem Land vertreibt,
für soziale Gerechtigkeit sorgt,

… als jämmerlicher Staatsverbrecher hingerichtet wird.
Deutlicher als Jesus am Kreuz kann man nicht scheitern.

Und man muss nicht meinen, dass sie sich nun gegenseitig einreden: „Denkst du nicht auch, dass er irgendwie in unseren Herzen weiterlebt?" „Ja, irgendwie
hast du recht, die Botschaft lebt weiter, natürlich nur

metaphorisch, mythologisch, symbolisch gesehen. Nicht
wirklich, aber so irgendwie, spürst du es nicht auch?"
Nein, das waren ganz handfeste, ganz bodenständige
Menschen: Fischer, Handwerker, untere Mittelschicht.
Die reden sich so etwas nicht ein.

Dann hören sie von den Frauen, die auch zum Umkreis
der Jesus-Bewegung gehörten, die ersten Gerüchte:
„Wir waren am Grab, wir wollten den Leichnam salben,
wie es unsere Tradition vorsieht, und wir haben das
Grab leer aufgefunden. Wir wissen noch nicht, wie wir
das zu deuten haben – wir können es noch nicht in
Worte fassen, aber wir haben den Eindruck – wir glauben, es könnte sein – wir wissen es nicht, aber es könnte
sein, dass er *lebt* ..."

Als die Frauen das erzählen, sagen die Jünger *nicht*:
„Ha! Haben wir es doch gewusst!
Haben wir es nicht gewusst?
Hast du es nicht auch gedacht? Es geht weiter!"
Nein, sondern sie haben eher etwas Ähnliches gesagt
wie:
„Wie taktlos! Wir sind hier noch mit unserer Trauer-
arbeit beschäftigt, und die erzählen uns, er wäre gar
nicht tot, sondern er würde leben!" „Bevor ich das
glaube", haben einige von den Jüngern gesagt, „bevor
ich das glaube, will ich ihn sehen. Ich will ihn anfassen,
ich will mit ihm reden und dann kann ich es vielleicht
glauben."

Hoffnung hat Gründe

Warum erzähle ich vom Glauben an die Auferstehung von Jesus?

Weil das der Grund meiner Hoffnung als Christ ist.
Alles in diesem Buch habe ich als Christ geschrieben.
Ich kann auch dieses letzte Kapitel nicht anders schreiben als in der Überzeugung, dass es diesen Gott, diesen Jesus wirklich gibt.
Ich biete Ihnen meine Perspektive an, in dem Wissen, dass Ihre Perspektive vielleicht anders ist.
Das ist völlig in Ordnung.
Das Einzige, worum ich bitte, ist ein bisschen Geduld, um Ihnen noch ein paar Denkhilfen geben zu können.

Warum erzähle ich vom Glauben an die Auferstehung von Jesus?
Weil wir Christen glauben, dass dies die Grundlage für unsere Hoffnung über den Tod hinaus ist. Wir saugen uns diese Hoffnung nicht aus den Fingern, sondern wir glauben, dass Gott selbst in Jesus auf diese Welt gekommen ist, dass er am eigenen Leib erlebt hat, wie es ist zu sterben. Dass er selbst den Tod besiegt und überwindet und dass dieser Jesus sagt:

„Ich lebe, und ihr sollt auch leben",

mit anderen Worten:

„Wer im Vertrauen auf mich lebt, wer in der Beziehung mit mir lebt, der kann sicher sein, dass ich auf der anderen Seite des Todes auf ihn warte, ihm die Hand reiche und ihn über diese Schwelle ziehe. Und dann wird er in Ewigkeit bei mir sein und dann geht der Tanz erst richtig los!"

Das ist die Grundlage unserer Hoffnung als Christen, über den Tod hinaus, und deswegen erzähle ich von der Auferstehung.

Nun habe ich vollstes Verständnis dafür, wenn Leute sagen:
„So einfach glauben kann ich das aber nicht."
Das erwarte ich auch gar nicht.
Wer das sagt, ist in bester Gesellschaft, nämlich in der Gesellschaft der Jünger von Jesus im Neuen Testament. Die haben das auch nicht einfach so geglaubt, sondern wir werden Zeuge, wie ihre natürlich verständliche Skepsis allmählich überwunden wird und sie am Ende zu einem begeisterten Glauben an den Auferstandenen kommen. Aber das geht nicht von jetzt auf gleich. Deswegen: Wer an dieser Stelle skeptisch ist, hat meine vollste Sympathie. Ich wäre nur dafür dankbar, wenn es gesunde Skepsis ist – die offenbleibt für gute Argumente und echte Überraschungen.

Drei Denkhilfen für die Auferstehung
Was sind nun meine Argumente dafür, dass ich etwas so Unglaubliches wie die Auferstehung von Jesus tatsächlich historisch ernst nehme? Das wäre ein eigenes Buch

wert, aber ich versuche, mich kurz zu fassen. Es gibt eine ganze Reihe von Gründen, welche die Auferstehung von Jesus durchaus denkbar machen – was schon immer kritische Geister in allen Jahrhunderten ziemlich beunruhigt hat.

Keine Beweise – Gründe, die es möglich machen, einen Schritt des Vertrauens zu gehen und zu sagen: „Ich lasse mich mal darauf ein und schaue, ob es wirklich stimmt." Dieser Schritt ist dann allerdings kein Ausdruck von blindem Vertrauen, sondern von sehendem Vertrauen: „Ich habe mir angeschaut, was dafürspricht, und darum lasse ich mich darauf ein." Was sind also meine Argumente? Ich nenne drei unter vielen möglichen.[24]

Das erste Argument: Das leere Grab

Dass das Grab von Jesus einige Tage nach seiner Hinrichtung leer war, darüber sind sich interessanterweise alle einig. Auch die Gegner der frühen Christen haben das nicht bestritten. Sie hatten nur andere Erklärungen dafür. Und es stimmt: Ein leeres Grab heißt noch lange nicht, dass jemand auferstanden ist. Schauen wir uns also die alternativen Erklärungen für das leere Grab an. Es könnte zum Beispiel jemand den Leichnam entwendet haben. Nur: Wer sollte das gewesen sein? Die Römer? Oder die religiöse jüdische Führungsschicht, nachdem sie Jesus als Aufrührer aus dem Weg haben räumen lassen? Um sich dann einen Auferstehungskult einzuhandeln um diesen Jesus? Als dann die Christen angefangen haben, von der Auferstehung zu reden, hätten sie doch nur den Leichnam vorzeigen und sagen müssen: „Was wollt ihr denn mit eurem Gerede von Auferstehung, hier ist er, er ist tot." So groß war Jerusalem nicht. Man hätte das Ganze sehr schnell beenden können. Haben sie nicht gemacht.

Wer hätte den Leichnam noch entwenden können? Die Jünger von Jesus selbst? Warum hätten sie das tun sollen? Natürlich kann man sich in etwas hineinsteigern, von dem man gerne glauben möchte, dass es wahr ist. Das erleben wir tagtäglich, dass Leute so etwas tun. Es ist allerdings ziemlich schwierig, sich in etwas hineinzusteigern, von dem man weiß, dass es falsch ist, weil man selbst dabei war, als man es erfunden hat. Das ist ganz schön schwierig, zumal die Jünger subjektiv von dieser Überzeugung gar nichts hatten. Sie sind jahrzehntelang für den Glauben an den Auferstandenen durch die ganze damals bekannte Welt gezogen, wahrscheinlich sind sie selber fast alle den Märtyrertod für diesen Glauben gestorben.
Warum?
Für eine selbst erfundene Lüge?
Das halte ich für schwieriger zu glauben, als zu akzeptieren, dass die Auferstehung tatsächlich geschehen ist.

Zweites Argument: Die Frauen am Grab

Nach dem Zeugnis der ältesten Berichte, die von der Auferstehung erzählen, waren die ersten Augenzeugen am leeren Grab Frauen. Das ist aus unserer Sicht nicht besonders erstaunlich, aus damaliger Sicht schon: Denn in der Antike galt das Zeugnis von Frauen vor Gericht nichts. Das tut mir auch leid, das war aber damals so. Das heißt, wenn eine Frau damals irgendetwas erzählte, dann musste erst ein Mann hinzukommen und sagen: „Es stimmt wirklich, was sie sagt." Das heißt aus unserer heutigen Sicht: Wir können sehr sicher sein, dass diese Berichte glaubhaft sind. Denn wenn man damals einen Bericht hätte erfinden wollen, der möglichst glaubhaft von der Auferstehung erzählt, hätte man bestimmt keine Frauen darin vorkommen lassen. Es war aber so, Frauen waren nun mal die Ersten, also hat man es so erzählt.

Es macht aus unserer heutigen Sicht die Berichte sehr glaubwürdig, denn heute wissen wir ja, dass Frauen die Wahrheit sagen …
Damit man mich richtig versteht an dieser Stelle: Ich bin davon überzeugt, dass Gott Humor hat. Und für mich ist das eine der großen Pointen Gottes in der Geschichte der Menschheit: In einer Zeit, in der das Zeugnis von Frauen vor Gericht nichts gilt, zeigt er das wichtigste Ereignis der Menschheitsgeschichte zuerst den Frauen.

Drittes Argument: Die Augenzeugen des Auferstandenen, wie sie in den ältesten Texten der Christenheit ausgeführt werden.

Die ältesten Texte im Neuen Testament sind die Briefe, welche die urchristlichen Gemeindegründer und Missionare an ihre neu gegründeten Gemeinden geschickt haben. Sie sind wenige Jahrzehnte nach den dramatischen Ereignissen entstanden. Vor allem die Briefe, die Paulus verfasst hat, sind in den fünfziger Jahren des ersten Jahrhunderts geschrieben worden. Um 30 herum sind die Geschehnisse um Jesus passiert; das heißt, etwa 20, 25 Jahre danach schreibt Paulus über diese Vorgänge. Er berichtet zum Beispiel im ersten Brief an die Gemeinde in Korinth im 15. Kapitel sinngemäß Folgendes: *„Liebe Korinther, als ich euch damals von der Auferstehung erzählte, habe ich euch ja nichts anderes erzählt als das, was euch die Leute aus Jerusalem auch schon erzählt haben. Nämlich, dass Jesus gestorben ist, so wie es die alten Schriften vorhergesagt haben, dann ist er auferstanden, dann ist er seinen engsten Vertrauten erschienen"* – Paulus nennt ein paar Namen – *„zuletzt ist Jesus über 500 Menschen auf einmal erschienen, von denen die meisten heute noch leben, einige aber sind schon tot."*

„Über 500 Menschen, die meisten davon leben noch." Wie angreifbar Paulus sich damit macht, wenn er so etwas 20 Jahre danach schreibt. Zu diesem Zeitpunkt gibt es demnach ja noch eine ganze Reihe Augenzeugen. Man konnte ihn also fragen:
„Ja gut, über 500 Menschen, die meisten davon leben noch, dann zeig sie uns doch mal. Wo sind sie denn? Gib uns die Telefonnummern und die E-Mail-Adressen."
Gut, Letzteres konnte man damals nicht sagen, aber das war nicht die Steinzeit. Das war das Römische Reich. Es gab ein Postwesen, es gab ein Verkehrswesen, man konnte solche Ansprüche überprüfen. Und wir finden

aus dieser Zeit keine Belege dafür, dass diese Ansprüche widerlegt wurden. Es gab zu dieser Zeit auch noch keine große, mächtige Kirche, die anderslautende Dokumente hätte unterdrücken können. Die „Kirche" war damals eine kleine jüdische Splittergruppe. Wir finden andere Dokumente aus dieser Zeit, die sich gegen die frühen Christen wenden, aber wir finden keine Dokumente, die solche Ansprüche widerlegen.

Was heißt das für uns?
Das sind drei Gründe dafür, den Glauben an die Auferstehung ernst zu nehmen.
Wie gesagt, keine Beweise, aber Denkhilfen.
Warum erzähle ich davon?
Was hat das mit unserem Umgang mit dem Thema Tod zu tun?
Die Frage ist doch: Was heißt das für *uns*, wenn Jesus wirklich auferstanden ist?
Was hieße das, wenn das stimmen würde?
Wenn Jesus wirklich auferstanden ist, dann ist er bestätigt in allem, was er jemals gesagt und getan hat. Und dann stimmt es, was Christen immer sagen, dass Jesus wirklich bei uns ist. Dann sind wir kein Jesus-Christus-Gedenkverein.
Könnte man sich ja vorstellen, dass Christen ein solcher Gedenkverein sind.
Sie sitzen zusammen, gucken Dias an aus dem Leben von Jesus, dazu gibt es Mischbeutelkekse und Früchtetee …
Manchmal machen Christen ja auch diesen Eindruck, aber das könnte daran liegen, dass sie manchmal die

Realität des Auferstandenen selbst nicht so richtig ernst nehmen.

Wenn Jesus wirklich auferstanden ist, dann ist er in allem bestätigt, und dann ist das alles kein religiöser Spleen von ein paar Leuten, sondern dann ist er die wichtigste Person, die es gibt und die jedem von uns ein Gespräch mit ihr anbietet.

Wenn Jesus wirklich auferstanden ist, dann ist unsere Hoffnung begründet. Wenn wir im Vertrauen auf Jesus leben, wenn wir Hand in Hand mit Jesus durchs Leben gehen, dann steht er wirklich auf der anderen Seite des Todes, reicht uns die Hand, und dann sind wir am Ende in Ewigkeit bei Gott.
Ich war noch nicht da, ich kann es also nicht beschreiben.
Ich bin aber sicher, dass es ungemein spannend werden wird.
Gott selbst ist die Quelle aller Kreativität, die Quelle aller Schönheit und die Quelle allen Humors.
Wenn wir mit diesem Gott auf Du und Du sind, aufs Engste verbunden in Ewigkeit, dann wird diese Gemeinschaft eins ganz bestimmt nicht: *langweilig*.

Der englische Schriftsteller C. S. Lewis hat es sinngemäß einmal so ausgedrückt:
„Der Himmel ist so ähnlich wie ein unglaublich spannendes Buch, in dem jedes Kapitel spannender ist als das vorhergegangene und das nie aufhört."

Auswirkungen auf das Hier und Jetzt

Meine feste Überzeugung ist, wenn man diese Hoffnung an sich heranlässt, dann hat sie schon Auswirkungen auf dieses Leben, und dieser Punkt ist mir sehr wichtig.

Ich möchte nämlich den Eindruck vermeiden, dass man, wenn man anfängt, von der Hoffnung über den Tod hinaus zu reden, irgendwann abhebt und sagt: „Ach, was hier in der Welt abgeht, ist mir doch alles egal."
Das meine ich nicht!
Sondern, wenn man über den Tod hinaus auf die Ewigkeit hofft, dann hat das Auswirkungen auf dieses Leben. Man muss dann nämlich nicht mehr sagen:
„Nun gut, ich habe jetzt diese 70, 80, 90 Jahre, wenn's hochkommt. Also schaue ich, dass ich aus diesen begrenzten Jahren alles raushole, was ich rausholen kann – an Besitz, Erfahrungen, Beziehungen, Erlebnissen, und ich sollte mich beeilen, denn die Zeit ist begrenzt."
Das brauche ich dann nicht mehr zu sagen. Sondern ich kann zu anderen Menschen sagen:

„Übrigens, ich kann dir auch von meiner Zeit abgeben. Ich habe ewig viel davon."

Ich kann aufhören, mich von den sogenannten Autoritäten dieser Welt allzu sehr beeindrucken zu lassen.
Menschen, die auf die Auferstehung hoffen, legen oft eine gewisse frische Dreistigkeit an den Tag.
Weil sie wissen: „Ja, es gibt Menschen, die haben Einfluss auf mich, die haben auch Kontrolle. Aber diese Kontrolle

ist begrenzt, sie ist nicht ewig. Es gibt Menschen, die haben Autorität über mich, aber diese Autorität ist begrenzt." Ich weiß nicht, ob es opportun ist, das hin und wieder zu unseren Chefs und Vorgesetzten zu sagen: „Ich weiß, Ihre Autorität ist unbestreitbar, aber sie ist zeitlich begrenzt" – aber es ist die Wahrheit.

Deswegen waren es immer wieder Christen, die von einer starken Hoffnung auf den Himmel getragen waren, welche in dieser Welt viel verändert haben.
Natürlich weiß ich, es gibt ganz viele Christen, die das nicht gemacht haben und die ihrem eigenen Glauben nicht gerecht geworden sind.
Das stimmt.
Aber sie entkräften nicht die zahllosen Gegenbeispiele.
Es gibt die Christen, die eine ganz starke, zuversichtliche Hoffnung auf den Himmel haben und die deswegen in dieser Welt ziemlich unerschrocken aufgetreten sind.

Es war in Südafrika, Ende der achtziger Jahre, kurz vor dem Ende der Apartheid, da hielt der südafrikanische Bischof Desmond Tutu eine Predigt in einem Gottesdienst. Und während er predigte, marschierte vor dem Gebäude eine Abteilung der südafrikanischen Polizei auf – also damals die Vertreter des Apartheid-Regimes. Sie waren so höflich zu warten, bis der Gottesdienst vorbei war, wollten aber danach anscheinend jemanden abführen. Sie sammelten sich an der hinteren Wand des Gottesdienstgebäudes. Desmond Tutu predigte weiter und sagte sinngemäß Folgendes:

„Das Reich Gottes kommt. Die Wirklichkeit Gottes kommt, sie kommt ganz bestimmt, sie lässt sich nicht aufhalten."

Dann schaute er die Polizisten an:

„Deswegen lade ich Sie ein: Treten Sie auf die Siegerseite."

„I therefore invite you to step over and to join the winning side."

Das finde ich großartig. Die Geschichte hat ihm recht gegeben.

Das war ein Vorgeschmack auf das, was im Himmel auf uns wartet.

Wenn man also diese Hoffnung richtig versteht, kann man schon in dieser Welt viel bewegen.

Wie kann ich darauf eingehen?

Wie kann ich nun auf dieses Angebot eingehen, das Gott uns in Jesus macht, wenn er sagt:

„Du kannst mit mir leben, du kannst im Vertrauen auf mich leben, und dann bekommst du all das, was ich verspreche: Sinn, Liebe, Hoffnung. Hoffnung auf die Ewigkeit, Hoffnung über den Tod hinaus. Das gilt all denen, die mit mir eine Beziehung eingehen."

Wie kann ich auf dieses Angebot eingehen?

Es wäre ja unfair, wenn ich ein ganzes Buch lang davon erzähle, argumentiere und schwärme – und dann überhaupt nicht erkläre, wie man mit dem großen Angebot Gottes praktisch umgeht.

Zu jeder Beziehung gehört ja, dass mindestens eine Seite sich mal verbindlich erklärt. Irgendwann muss mindestens eine Seite mal sagen: „Ja, ich stehe zu dieser Beziehung, ich bin für dich da."

Aus christlicher Sicht hat Gott diese verbindliche Entscheidung schon längst getroffen.

Gott sagt zu jedem einzelnen Menschen „Ja".

Und das, was er sich am meisten wünscht, ist, dass Menschen „Ja" sagen zu ihm.

Denn er beschenkt uns mit seiner bedingungslosen Liebe, aber er bedrängt uns nicht.

Es ist eine bedingungslose, aber keine vereinnahmende Liebe.

Er wirbt, er bittet; aber er respektiert, ob wir uns ihm zuwenden oder uns von ihm abwenden.

Es gibt nichts, was er sich sehnlicher wünscht, als dass wir „Ja" zu ihm sagen.

Wie kann man ein solches „Ja" sprechen?

Zum Beispiel, indem man anfängt, mit Gott zu reden. Das macht man vielleicht, indem man sich zu Hause hinsetzt und in Gedanken mit ihm spricht, dazu muss man keine besonderen Worte verwenden. Man braucht auch keine besonders heilige Stimmung dafür zu empfinden. Man kann zu Gott einfach so reden, wie man gerade denkt, und zu ihm sagen:

„Bisher habe ich eigentlich ohne dich gelebt. Ich habe schon viel über dich nachgedacht, aber im Vertrauen auf dich gelebt habe ich noch nicht. Ich möchte von jetzt an

mit dir leben. Ich möchte dir mein Leben anvertrauen.
Ich danke dir für all das, was du für mich getan hast.
Bitte komm jetzt in mein Leben."

Was passiert, wenn man ein solches Gebet spricht, wenn
man das Gesprächsangebot Gottes annimmt?
Ich kann leider nicht garantieren, dass sich daraufhin
irgendwelche großartigen Wunder einstellen.
Das würde ich gerne können, das passiert auch manchmal, aber es passiert nicht immer.
Aber eins kann ich Ihnen mit Sicherheit zusprechen:

Wenn ein Mensch in dieser Weise beginnt, mit Gott zu
reden, und wenn er meint, was er sagt, dann ist er mit
dem ersten Satz, mit dem ersten Wort, mitten im Herzen
Gottes.

Und dann geht der Tanz erst los.

Und wenn Sie noch Rückfragen haben: Hier ist meine
E-Mail-Adresse: matthias.clausen@gmx.de.

Anmerkungen

1 Francis Piaba.

2 Die Idee für das folgende Bild verdanke ich Eckard H. Krause. Er verwendet in seinen Predigten häufig das Bild eines Autoreifens, der auf dem Land die Plane auf einem Heuhaufen beschwert – stattdessen hätte er an einem Ferrari rollen können ... Für meine Belange habe ich daraus das Bild des Buches gemacht, das unter einem Beamer liegt.

3 Augustin, Confessiones / Bekenntnisse, I,1,1.

4 Ein beliebter Witz, der in zahllosen Predigten auftaucht. Siehe u. a. M. Herbst / M. Clausen (Hg.), Knackpunkte. Antworten auf harte Fragen (2010), 144.

5 Markus 2,13–17. Einzelne Motive bei der Nacherzählung der Geschichte habe ich von Markus Rahn übernommen. Siehe auch M. Herbst / M. Clausen (Hg.), Knackpunkte. Antworten auf harte Fragen (2010), 109 f.

6 Grundgedanken dieses Abschnitts und der folgenden Abschnitte habe ich selbst schon an anderer Stelle entfaltet, in einer Einheit des Emmaus-Basiskurses: M. Clausen / U. Harder / M. Herbst, Emmaus – der neue Basiskurs (2008), 76 ff.

7 Markus 1,40–45.

8 Johannes 8,1–11.

9 Die vermutlich erste Erwähnung dieser Geschichte findet sich in J. Gillhoff, Jürnjakob Swehn, der Amerikafahrer (1917). Siehe auch M. Herbst / M. Clausen (Hg.), Knackpunkte. Antworten auf harte Fragen (2010), 16.

10 Vgl. R. Descartes, Meditationes de prima philosophia (1641).

11 Diese Unterscheidung und die folgende Illustration habe ich von Andrew Page übernommen.

12 Die Argumentation mit dem Vollmachtsanspruch von Jesus findet sich in zahlreichen Büchern zum Thema. Ich selbst bin hier besonders von C. S. Lewis und Jürgen Spieß geprägt: C. S. Lewis, Pardon, ich bin Christ (13. Auflage 1986); J. Spieß,

Jesus für Skeptiker (13. Auflage 2010). Siehe auch meine eigene Argumentation im Emmaus-Basiskurs: M. Clausen / U. Harder / M. Herbst, Emmaus – der neue Basiskurs (2008), 111.

13 Markus 2,1–12.

14 Vgl. L. Newbigin, The Gospel in a Pluralist Society (1989), S. 9.

15 Markus 5,25–34. Die Geschichte habe ich selbst in ähnlicher Form schon an anderer Stelle erzählt, in einer Einheit des Emmaus-Basiskurses: M. Clausen / U. Harder / M. Herbst, Emmaus – der neue Basiskurs (2008), 108.

16 Der Ausdruck „Märtyrer der Sprache" stammt ursprünglich von Eckard H. Krause.

17 Ein ähnliches Bild habe ich selbst schon an anderer Stelle verwendet, siehe M. Herbst / M. Clausen (Hg.), Knackpunkte. Antworten auf harte Fragen (2010), 18.

18 Lukas 15,11–32. Einzelne Motive und Formulierungen bei der Nacherzählung dieser Geschichte habe ich von Eckard H. Krause übernommen.

19 Die Idee für die folgende Veranschaulichung habe ich von S. N. Williams, Revelation and Reconciliation: A Window on Modernity (1996).

20 Vgl. F. Schulz von Thun, Miteinander reden, Band 1: Störungen und Klärungen (1981), 25–68.

21 Diesen Gedanken habe ich erstmals entdeckt bei C. S. Lewis, Pardon, ich bin Christ (13. Auflage 1986). Siehe auch M. Herbst / M. Clausen (Hg.), Knackpunkte. Antworten auf harte Fragen (2010), 149 f.

22 Lukas 15,8–10. Die Idee, die Nacherzählung dieser Geschichte so zu beginnen, habe ich von Christina Brudereck.

23 Das Bild ist in evangelistischen Predigten weit verbreitet, die ursprüngliche Quelle lässt sich m. E. nicht mehr finden. Siehe auch M. Herbst / M. Clausen (Hg.), Knackpunkte. Antworten auf harte Fragen (2010), 22 f.

24 Siehe auch J. Spieß, Jesus für Skeptiker (13. Auflage 2010), und Hp. Hempelmann, Die Auferstehung Jesu Christi – eine historische Tatsache? (2. Auflage 2003). Siehe außerdem meinen eigenen Beitrag zum Thema im Emmaus-Basiskurs: M. Clausen / U. Harder / M. Herbst, Emmaus – der neue Basiskurs (2008), 136 ff.